JOACHIM TELGENBÜSCHER
Redaktionsleiter von GEO*EPOCHE*

Liebe Leserin, lieber Leser

Britische Politiker beschreiben ihre Heimat gerne als stolze Inselnation, die sich so weit wie möglich vom Geschehen auf dem Kontinent abkoppeln sollte, in Zeiten des Brexits umso häufiger. Dabei war England lange alles andere als vom Festland isoliert: Im Mittelalter beherrschten die englischen Könige große Teile des heutigen Frankreich, war die Sprache am Hofe nicht Englisch, sondern Französisch. Im 14. Jahrhundert griff dann Eduard III. sogar nach der französischen Krone – und befeuerte so den längsten militärischen Konflikt jener Epoche: den Hundertjährigen Krieg. Davon erzählen wir in diesem Heft.

Es ist ein Abschnitt der europäischen Geschichte, der zu kontrafaktischen Spekulationen besonders einlädt, wie ich finde. In was für einem Europa würden wir heute leben, wenn Heinrich V. im Jahr 1422, auf der Höhe seiner Macht, nicht überraschend gestorben wäre? Gäbe es überhaupt ein Frankreich, wie wir es kennen, wenn Jeanne d'Arc nicht ihren wundersam erscheinenden Siegeszug gestartet hätte?

Auch all jene, die nicht zu solchen Gedankenspielen neigen, müssen anerkennen, dass das Ringen zwischen den Königen von England und Frankreich wichtige Weichen für die weitere Entwicklung Europas gestellt hat. Mit dem britischen Historiker David Green haben wir über die langfristigen Folgen des Krieges gesprochen (siehe Seite 154). Leider werden diese allzu oft von den großen nationalen Heldenfiguren wie Heinrich V. und Jeanne d'Arc überstrahlt.

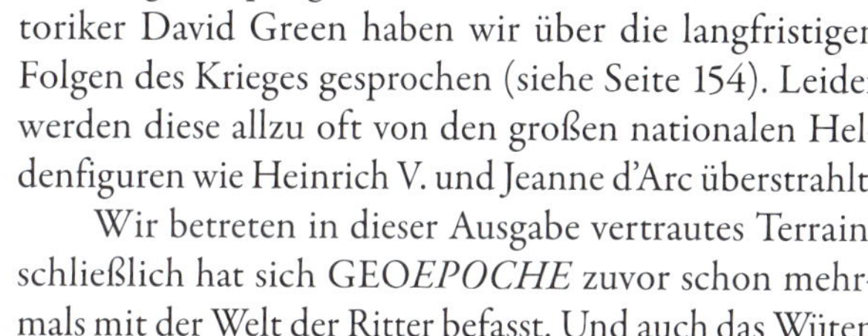

Wir betreten in dieser Ausgabe vertrautes Terrain, schließlich hat sich GEO*EPOCHE* zuvor schon mehrmals mit der Welt der Ritter befasst. Und auch das Wüten des Schwarzen Todes, jener Katastrophe, die sich mit dem Hundertjährigen Krieg überschneidet, haben wir bereits anderswo behandelt. Bei der Arbeit an dem Heft, das Sie in den Händen halten, haben wir uns wie immer bemüht, nichts auszulassen und uns dennoch nicht zu wiederholen.

Zum Schluss noch ein paar Worte zu mir: Für manche, die GEO*EPOCHE* noch nicht so lange kennen, begrüßt Sie hier ein neues Gesicht. Langjährige Leserinnen und Leser dagegen wissen vielleicht, dass es für mich nur eine Rückkehr ist.

Ich habe als Textredakteur mein Handwerk bei GEO*EPOCHE* gelernt. Und auch in meiner neuen Rolle als Redaktionsleiter bleibt das Ziel dasselbe: Geschichte spannend und faktenreich zu erzählen. Ich freue mich auf eine interessante Zeit mit Ihnen.

Herzlich, Ihr

Joachim Telgenbüscher

JOACHIM TELGENBÜSCHER

DOPPELTES MITTELALTER
Über den Schwarzen Tod und die Welt der Ritter gibt es bereits jeweils ein GEO*EPOCHE*-Heft

SCHAUPLÄTZE DES WAFFENGANGS
Um viele Regionen Frankreichs wird immer wieder erbittert gekämpft. Manche Burg wechselt etliche Male den Besitzer. **SEITE 6**

DAS DUELL BEGINNT
Die französische Königstochter Isabelle (im Bild links der Mitte) heiratet 1308 den englischen Monarchen. Doch ihre kühne Machtpolitik führt beide Seiten in den Krieg. **SEITE 26**

ÜBERRASCHUNGSSIEG
Die erste große Feldschlacht des Krieges bei Crécy entscheiden 1346 die englischen Bogenschützen.
SEITE 40

KRÄFTEMESSEN IN DER BRETAGNE
Militärisch ist das Gefecht im Jahr 1351 unbedeutend. Aber es wird gefeiert als Beispiel höchster Ritterlichkeit. **SEITE 54**

DER TODBRINGER
Mit heftigen Verwüstungszügen drangsalieren englische Anführer die Bevölkerung Frankreichs. Vor allem einer: der »Schwarze Prinz«. **SEITE 64**

Nr. 111

Inhalt

Der Hundertjährige Krieg

KRIEG IM KRIEG
Ein Attentat stürzt Frankreich 1407 in einen Bruderkampf zwischen zwei Adelsfraktionen. Auch in Paris toben die Auseinandersetzungen.
SEITE 96

DIE TRAGIK DES TRIUMPHATORS
Englands König Heinrich V. gelingt das Unfassbare: Er diktiert Frankreichs Herrscher 1420 einen Vertrag, der ihm dessen Krone verspricht. Doch er stirbt zu früh.
SEITE 112

BESEELTE RETTERIN
Überzeugt, in göttlichem Auftrag zu handeln, verhilft Jeanne d'Arc den Franzosen 1429 zu neuer Kraft – und wird später zur Nationalheldin.
SEITE 126

EIN ENDE IM PULVERDAMPF
Vom Erfolg des Feldherrn John Talbot hängt 1453 Englands Halt auf dem Kontinent ab. Doch die mit Geschützen ausgerüsteten Feinde sind zu stark. **SEITE 144**

♦ *Die mit diesem Symbol versehenen Beiträge sind links bebildert*

Sie erreichen die GEO*EPOCHE*-Redaktion online auf Facebook, Twitter und Instagram oder unter *www.geo.de/epoche*

UMKÄMPFTES

Mit dem Hundertjährigen Krieg beginnt 1337 der längste militärische Konflikt der europäischen Geschichte. Der epische Machtkampf zwischen englischer und französischer Krone prägt die Menschen beiderseits des Ärmelkanals, lässt Franzosen wie Engländer patriotischer werden, macht Heerwesen und Verwaltung moderner, stärkt letztlich die Staatsgewalt. Doch vor allem in Frankreich, wo die Armeen aufeinandertreffen, marodierende Truppen ganze Regionen verheeren, Anführer um Verträge und Bündnisse streiten, bringt das scheinbar endlose Ringen zuvorderst Leid, Entbehrung und Drama – an den unzähligen Orten des Krieges

LAND

VON DER NORMANDIE geht der Ur-Konflikt aus, der zum Hundertjährigen Krieg führt: 1066 setzt der Herzog der Region über den Ärmelkanal, erkämpft sich die englische Königswürde – und bleibt zugleich Vasall der französischen Krone. Die Doppelrolle zeitigt in Frankreich fortan immer wieder Kämpfe – auch um die vor der normannischen Küste gelegene Benediktinerabtei Mont-Saint-Michel

UM FRANKREICHS Wirtschaft zu schaden, brennen die Engländer auf ihren Zügen Hunderte Ortschaften nieder. Die Schwäche der französischen Krone nutzen immer wieder auch entlassene Söldnereinheiten. Um 1360 verheeren Tausende ihrer Kämpfer weite Teile des Rhônetals (im Bild)

DIE PEIN DER PROVINZ

Der Hundertjährige Krieg ist ein Streit der Mächtigen – doch er trifft vor allem die einfachen Landleute. Sie leiden am meisten unter den erhöhten Abgaben, den brutalen Feldzügen und den Söldnertruppen, die nach dem Ende ihrer Vertragszeit auf eigene Rechnung Beute machen

TRUTZIG ERHEBT sich der Turm der im 13. Jahrhundert gegründeten und fortan mehrmals umgebauten Burg mit dem heutigen Namen La Mothe-Chandeniers im Südosten der Grafschaft Anjou. Während des Hundertjährigen Krieges wird sie wiederholt erobert und zurückerobert, zuletzt 1445

VIEL BLUT FÜR EIN PAAR MAUERN

Immer wieder entzünden sich Konflikte an den Gebieten, die Englands Krone in Frankreich besitzt – gekämpft wird aber auch in solchen, die sie längst verloren hat. Etwa in der Grafschaft Anjou, deren Fürstengeschlecht 1154 die englische Königswürde erlangte und fortan die Herrscherdynastie im Inselreich stellt

DER
VERLORENE RUF
DER
PÄPSTE

Seit 1309 residiert das Oberhaupt der römischen Kirche in Avignon im heutigen Südfrankreich – und steht in den Augen der Engländer dadurch eher auf der Seite des Gegners. Vollends büßt das Papsttum seine Rolle als übergeordneter Vermittler ein, als es 1378 selbst gespalten wird, ein Heiliger Vater in Avignon sitzt und ein zweiter in Rom

DER PONT SAINT-BÉNÉZET überspannt jahrhundertelang die Rhône vor den Mauern der Papststadt Avignon. Weil sich die Kirchenoberen mitunter parteiisch in den Krieg verstricken, leidet ihre Autorität als Friedensstifter

50 METER HOCH ist der Wohnturm von Schloss Vincennes, Residenz und Trutzburg der französischen Herrscher unweit von Paris. 1422 erliegt Heinrich V. hier einer Krankheit. Als Karl VI. wenig später ebenfalls stirbt, gehen beide Kronen an Heinrichs Sohn: ein Kind von kaum einem Jahr

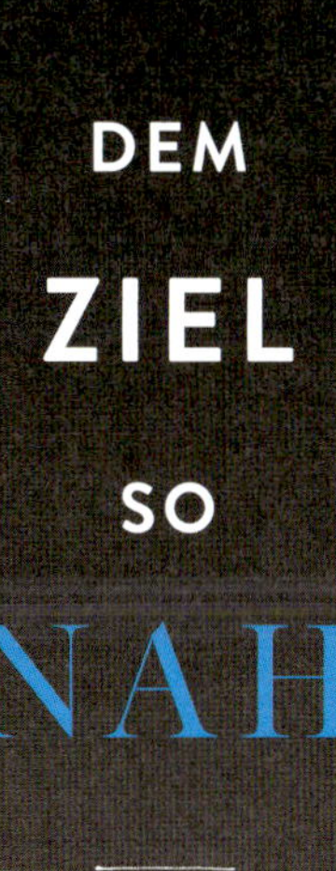

DEM ZIEL SO NAH

Nach mehreren Siegen kontrolliert Heinrich V. von England mit seinen Verbündeten 1420 den Norden Frankreichs – und kann dem französischen König Karl VI. einen unglaublichen Vertrag diktieren: Nach dessen Tod soll das englische Herrscherhaus die französische Krone erben

WENN DIE französischen Monarchen des Mittelalters in Paris weilen, besuchen sie oft die Kirche Saint-Germain-l'Auxerrois (im Bild rechts). Im Hundertjährigen Krieg müssen sich die Anhänger des Königshauses in der Seinestadt gegen eine Belagerung verteidigen – und sie zwischenzeitlich ganz aufgeben

METROPOLE IN FEINDESHAND

Einen Streit französischer Adelsdynastien untereinander nutzt die englische Krone für einen machtvollen Vorstoß – der auch Paris trifft. Gemeinsam mit den Burgundern halten die Engländer ab 1420 für mehr als 15 Jahre Frankreichs größte Stadt besetzt, das Verwaltungszentrum und Herz des Reiches

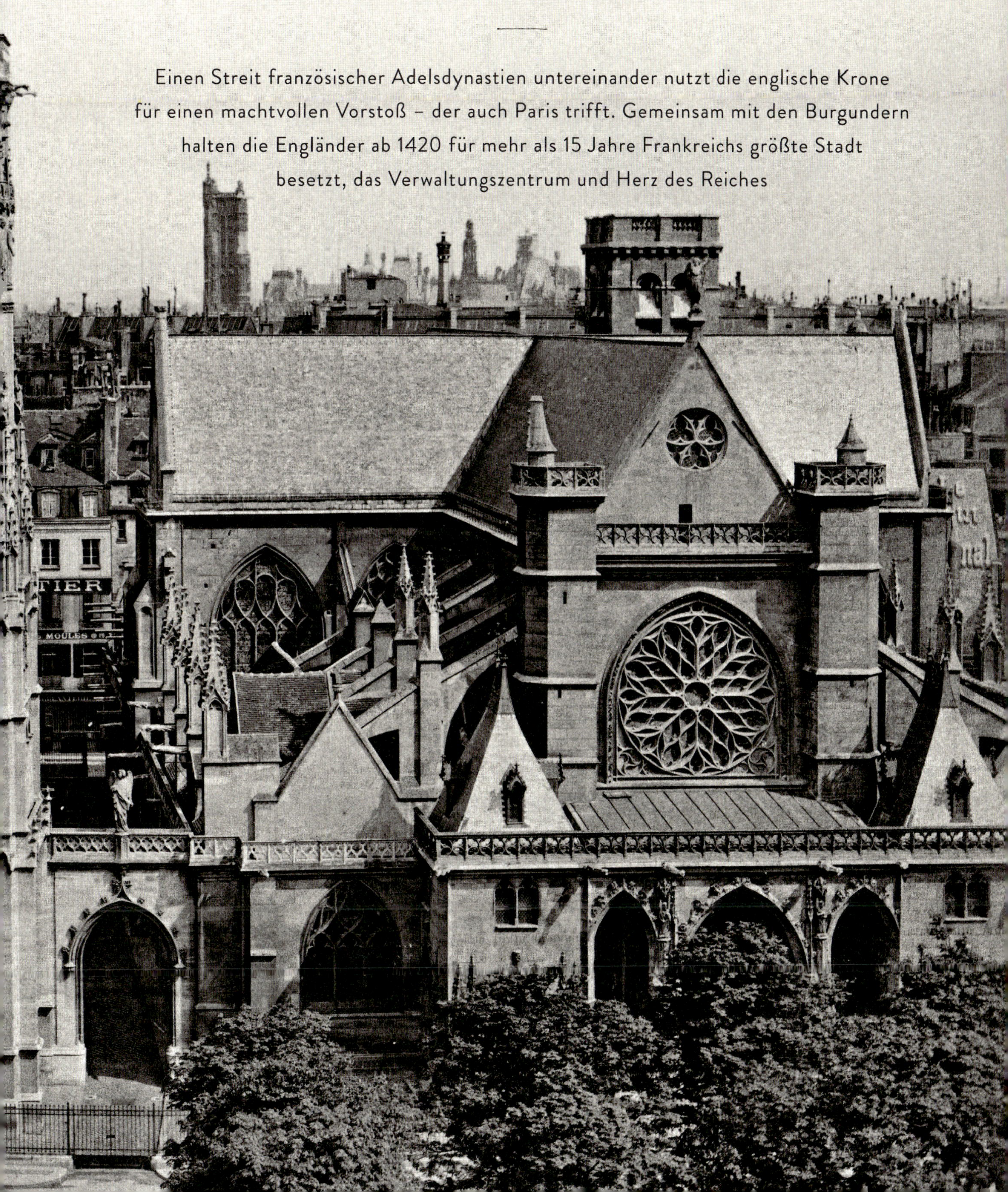

JEANNE D'ARC, Tochter eines Bauern, begleitet ein Heer nach Orléans, das dort einen kaum für möglich gehaltenen Sieg erringt. Später jedoch wird sie von den Feinden ergriffen – und in einem Prozess in der Burg von Rouen (rechts deren Turm) der Ketzerei beschuldigt

UND

VERDAMMTE

Mit einer jungen Frau kommt 1429 die Wende des Krieges: Jeanne d'Arc behauptet, Gott habe sie beauftragt, die Franzosen zum Sieg zu führen. Und tatsächlich entfachen ihr frommer Mut und das Gefühl höchsten Beistands eine neue Entschlossenheit, die Frankreich wiedererstarken lässt

AUF DEM Alten Markt von Rouen (hier ein benachbarter, später nach der Jungfrau benannter Platz) muss Jeanne d'Arc schließlich auf dem Scheiterhaufen sterben. Die Engländer wollen mit der Hinrichtung nicht nur die gegnerische Galionsfigur vernichten, sondern zugleich Frankreichs Monarchen herabwürdigen, der sich mit einer Häretikerin abgegeben habe

BEREIT FÜR DEN TRIUMPH

Nach Jahren voller Wirren erhält der lange ungekrönte französische König Karl VII. in der Kathedrale von Reims feierlich seine Krone. Binnen gut zweier Jahrzehnte wird er den Krieg siegreich zu Ende führen und die Engländer fast vollständig vom europäischen Festland vertreiben

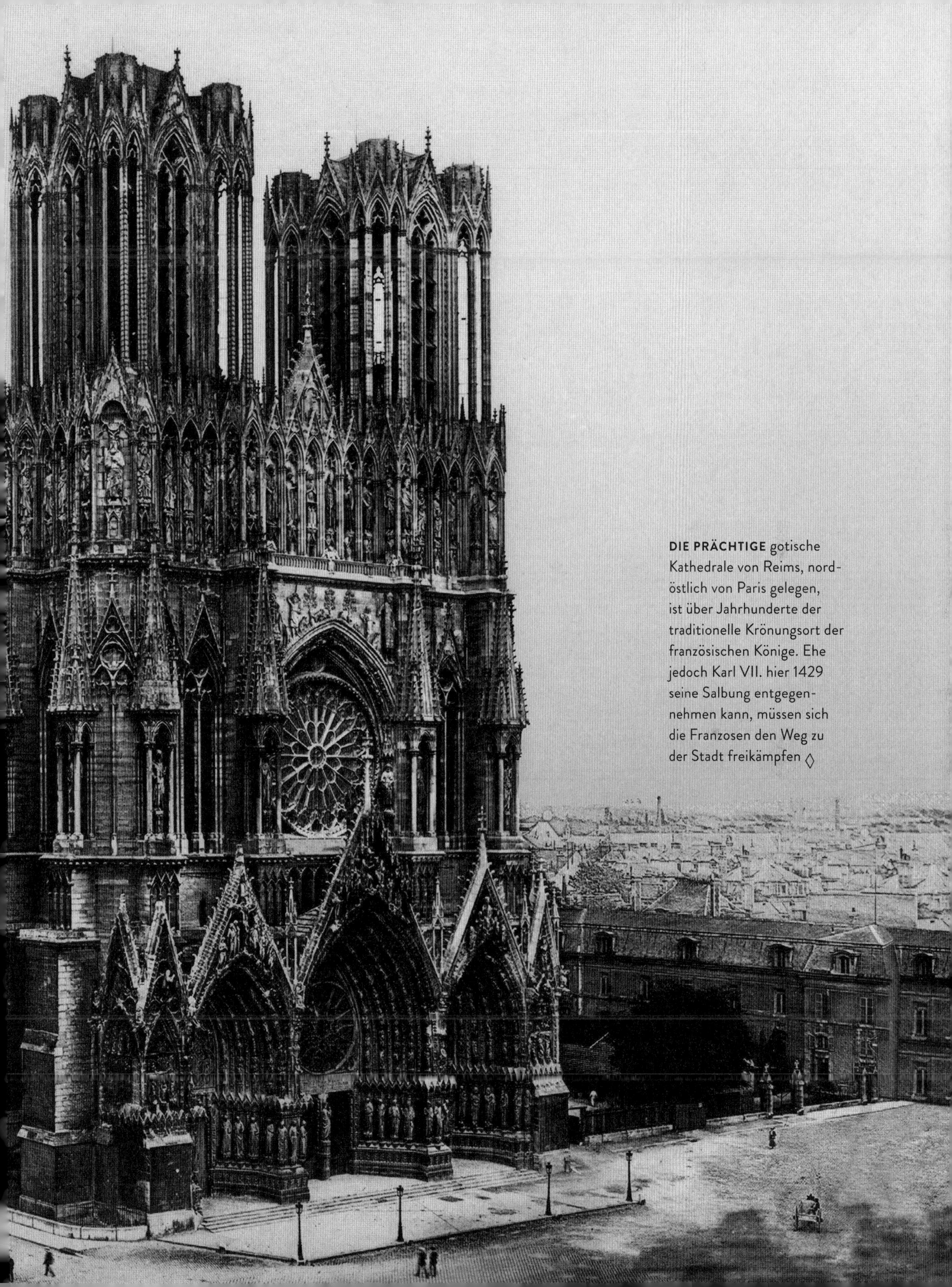

DIE PRÄCHTIGE gotische Kathedrale von Reims, nordöstlich von Paris gelegen, ist über Jahrhunderte der traditionelle Krönungsort der französischen Könige. Ehe jedoch Karl VII. hier 1429 seine Salbung entgegennehmen kann, müssen sich die Franzosen den Weg zu der Stadt freikämpfen ◊

STREIT der KÖNIGE

TEXT: *Johannes Teschner* KARTEN: *Stefanie Peters*

Der Hundertjährige Krieg beginnt im Jahr 1337 – doch der Konflikt, der ihm zugrunde liegt, ist weitaus älter. Er geht zurück auf einen machthungrigen französischen Herzog, der im 11. Jahrhundert über den Ärmelkanal setzt

Der Hundertjährige Krieg ist ein äußerst komplizierter Konflikt – und ein ganz einfacher zugleich.

Kompliziert ist er, weil sich in den 116 Jahren, die dieser längste Waffengang der europäischen Geschichte andauert, etliche Rivalen in wechselnden Konstellationen gegenüberstehen.

Und ganz einfach, weil die Grundsituation, aus der das epische Ringen erwächst, über alle Wendungen und Wirrungen hinweg im Prinzip die gleiche bleibt. Und das nicht erst seit dem Jahr 1337, das Historiker dereinst als Startpunkt des von ihnen sogenannten Hundertjährigen Krieges ausmachen werden. Sondern schon seit 1066.

Damals setzt Wilhelm, Herzog der Normandie, mit einem Invasionsheer über den Ärmelkanal und erkämpft sich in der Schlacht bei Hastings die englische Königswürde. Später Wilhelm „der Eroberer" genannt, herrscht er fortan über das Inselreich. Da er dessen ungeachtet aber Oberhaupt seines nordfranzösischen Herzogtums bleibt, ist er nicht nur englischer Throninhaber – sondern weiterhin auch Vasall des französischen Monarchen. Nominell ein Untergebener, der das Knie beugen muss vor seinem königlichen Lehnsherrn, dem Höhergestellten zu huldigen hat, um von ihm sein Lehen, das Herzogtum, bestätigt zu bekommen.

Damit ist sie in der Welt: Jene überaus problematische Situation, die in den folgenden Jahrhunderten nahezu unausweichlich zu immer wieder eskalierenden Spannungen zwischen englischen und französischen Königen führen wird.

So will der englische Herrscher all seine Territorien als souveräner Machthaber regieren, muss ob seines Vasallenstatus in Frankreich ein stechendes Gefühl der Demütigung empfinden. Und der französische Monarch auf der anderen Seite, bestrebt, seine Autorität durchzusetzen, kann nicht umhin, den mächtigen Untertan als Bedrohung im eigenen Land zu empfinden – zumal Wilhelms Nachfolger bald noch viel größere Territorien in Frankreich kontrollieren werden.

Denn im 12. Jahrhundert wiederholt sich die Geschichte in gewisser Weise: Abermals erlangt ein Herzog aus Frankreich die englische Königswürde – und wieder ist sein neues Reich mit Besitzungen verknüpft, die ihm als Lehen vom französischen König gegeben sind. Der große Unterschied zu Wilhelm dem Eroberer indes ist, dass dieser Heinrich Plantagenet seinen Machtzuwachs in erster Linie der klugen Heiratspolitik seiner Familie verdankt (deren Stammland die Grafschaft Anjou in Westfrankreich ist).

Heinrichs Vater nämlich ehelicht 1128 die Enkelin Wilhelms des Eroberers – und erlangt durch diese Verbindung nicht nur den Erbanspruch auf die Normandie, sondern auch auf die englische Krone, die schließlich sein Sohn erhält.

1154 wird Heinrich, der seinen Besitz durch Heirat noch um das große südwestfranzösische Herzogtum

1337
AM VORABEND DES KRIEGES

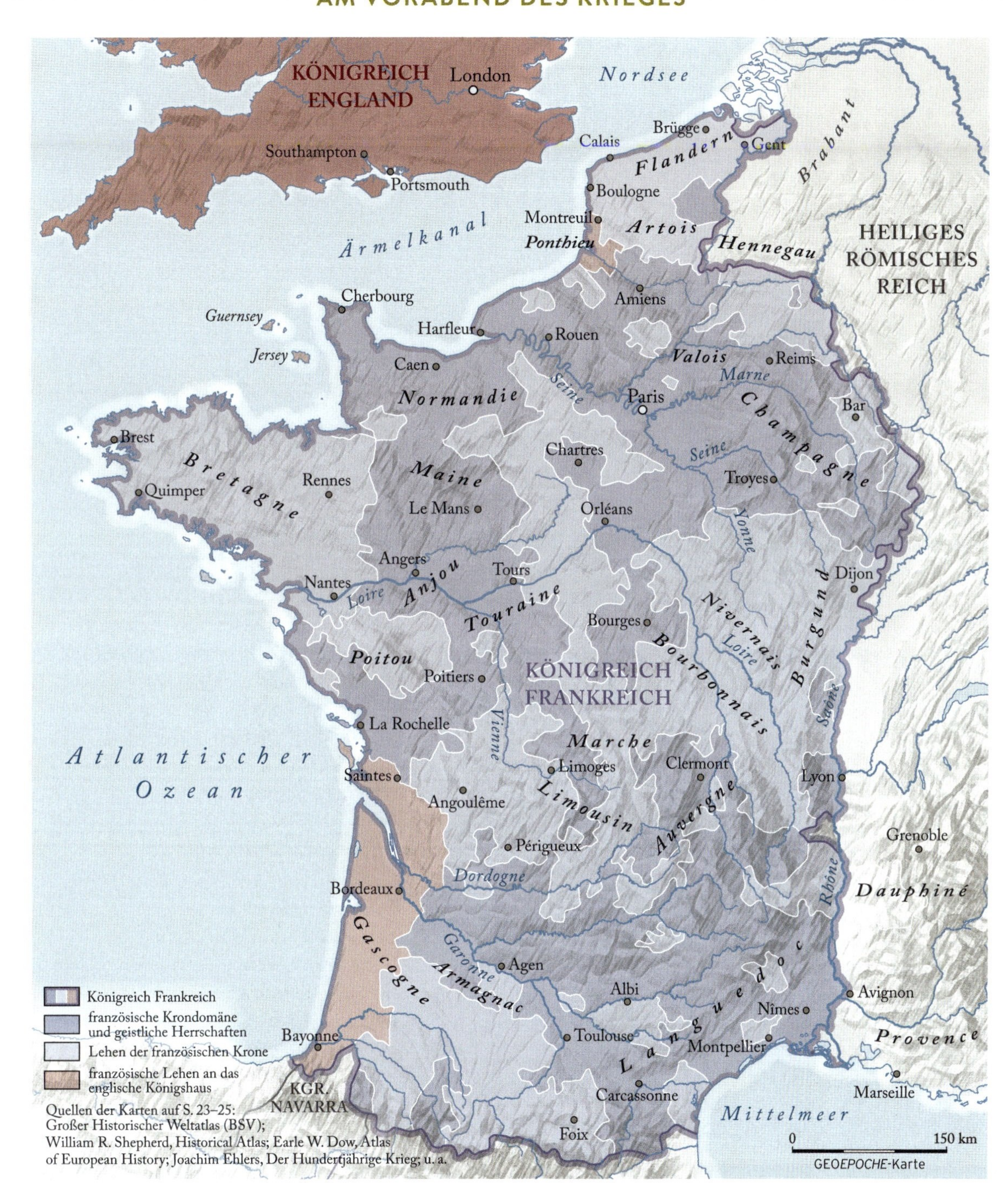

IM MAI 1337 zieht der französische König Philipp VI. die Besitzungen des englischen Königs Eduard III. in Frankreich ein. Das vermag er, denn Eduard ist nominell sein Vasall, die Gascogne und das Ponthieu sind ihm nur als Lehen der französischen Krone gegeben. Doch Eduard akzeptiert den Verlust nicht. Er rüstet zum Angriff – und beansprucht fortan den Thron in Philipps Reich für sich. Der Hundertjährige Krieg beginnt

Es geht um MACHT und um verletzten STOLZ

1066
DER URSPRUNG

DIE GRUNDSITUATION des Hundertjährigen Krieges geht zurück auf das Jahr 1066: Damals erlangt Wilhelm, Herzog der Normandie, nach seinem Sieg in der Schlacht bei Hastings die englische Königswürde – und bleibt zugleich Vasall des französischen Monarchen

Aquitanien erweitert hat, zu dem unter anderem die Gascogne gehört, zum König von England gekrönt.

Als Heinrich II. regiert er nun auf der Insel – und kontrolliert zugleich weit größere Territorien in Frankreich, als sie der französische Monarch selbst unter seiner direkten Herrschaft hat, zumal einige Jahre später auch noch die Bretagne zu seinem Einflussbereich hinzukommt.

Historiker werden das von Irland bis zu den Pyrenäen reichende Gebilde, über das Englands Könige im 12. Jahrhundert gebieten, nach der Dynastie Anjou-Plantagenet später „Angevinisches Reich" nennen. Es markiert die größte kontinentale Ausdehnung des englischen Herrscherhauses jemals – und bringt die französischen Könige ihrem Albtraum näher denn je, vom eigenen Vasall erdrückt zu werden.

So lauern Frankreichs Herrscher auf eine Schwäche des aus- und vielleicht überdehnten Angevinischen Reiches. Als diese in Form von Erbstreitigkeiten innerhalb des Hauses Anjou-Plantagenet kommt, marschieren französische Truppen 1202 in die Normandie ein. Bis 1224 bringt die französische Krone weitere angevinische Gebiete unter ihre direkte Herrschaft, dem englischen König bleibt nur noch ein Rest von Aquitanien.

Im Jahr 1259 dann schließen die kriegsmüden Herrscher Frankreichs und Englands den Vertrag von Paris. In ihm wird der Vasallenstatus des englischen Königs schriftlich fixiert, dessen Gebiet in Frankreich zudem auf ein deutlich verkleinertes Herzogtum Aquitanien begrenzt, das im Wesentlichen die Gascogne umfasst.

Doch den Grundkonflikt der Interessen löst auch diese Einigung nicht: Der englische König will in seinem kontinentalen Besitz eigentlich als souveräner Herrscher walten, der französische König den bedrohlichen Vasal-

1154
DAS IMPERIUM

1154 WIRD Heinrich Plantagenet, der als Herzog und Graf über große Teile Frankreichs gebietet, zum König von England gekrönt. Das sogenannte »Angevinische Reich«, das so entsteht, markiert die größte kontinentale Ausdehnung des englischen Herrscherhauses jemals

1259
DER FRAGILE FRIEDEN

NACH JAHRELANGEN Kämpfen, in denen die französische Krone das Angevinische Reich zerschlägt, schließen die kriegsmüden Parteien 1259 den Vertrag von Paris, in dem Vasallenstatus und Lehen des englischen Herrschers festgeschrieben werden. Die Einigung aber hält nur kurz

len am liebsten ganz aus seinen Landen drängen. Und so dauert es nicht lange, bis die Spannungen ein weiteres Mal eskalieren.

1294 konfisziert der französische König Philipp IV. die englisch kontrollierten Lehen und nimmt mit seinen Truppen fast die gesamte Gascogne ein. Nach jahrelangen zermürbenden Kämpfen muss er die Gebiete aber schließlich an Englands Herrscher Eduard I. zurückgeben. Zudem wird vereinbart, dass Eduards Sohn Philipps Tochter Isabelle zur Frau nehmen soll – die Vermählung soll den Frieden zwischen den Königshäusern endlich sichern.

Und tatsächlich ist es die diplomatisch geschickte Isabelle, die in dem schwelenden Konflikt zunächst ausgleichend wirkt. Bis sie mit ganzer Macht eigene Interessen verfolgt.

Als der französische König Karl IV., Isabelles Bruder, 1328 ohne einen männlichen Erben stirbt, fordert sie die Krone für ihren 15-jährigen Sohn, mittlerweile als Eduard III. König von England – und tatsächlich der nächste männliche Verwandte des verstorbenen Karl.

Doch Frankreichs Mächtige weisen den Anspruch zurück, krönen stattdessen einen Cousin Karls zum neuen König – und der, Philipp VI., zieht 1337 abermals die französischen Besitzungen seines englischen Rivalen ein.

Die Reaktion Eduards III. ist heftiger als die all seiner Vorgänger – er bestreitet Philipps Recht auf den Thron und beansprucht ihn ganz offiziell für sich. Das hat vor ihm noch kein englischer König getan.

Zwar ist die Ausgangslage des Konflikts nach wie vor dieselbe, geht es im Kern um die Territorien des englischen Herrschers in Frankreich. Und doch erreicht der Machtkampf nun eine neue Qualität. Denn waren die Gefechte bisher beschränkt auf die umstrittenen Herzogtümer und Grafschaften, macht Eduard mit seinem Thronanspruch ganz Frankreich zum potenziellen Schlachtfeld.

Das epische Ringen kann beginnen. ◊

Die PRINZESSIN aus FRANKREICH

Im Januar 1308 heiratet die französische Königstochter Isabelle den englischen Herrscher Eduard II. Die Ehe soll ein dauerhaftes Bündnis beider Länder schmieden. Doch bald entzweit sich das Paar, Isabelle stellt sich gegen ihren Mann. Und ausgerechnet die Vermählung, die den Frieden sichern sollte, legt das Fundament für den Hundertjährigen Krieg

TEXT: *Tanja Beuthien*

ISABELLE ist zunächst ein bloßes Instrument dynastischer Heiratspolitik, erweist sich jedoch als ehrgeizig und taktisch geschickt. 1325 zieht sie als Gesandte ihres Mannes in Paris ein, empfangen von ihrem Bruder, König Karl IV. (Darstellung aus dem 15. Jahrhundert). Doch bald verfolgt sie eigene Ziele

DIE HOCHZEIT: Gerade einmal zwölf Jahre ist Isabelle alt, als sie 1308 mit dem englischen König Eduard II. vermählt wird. Doch der Monarch bringt seine Frau und viele Adelige gegen sich auf, indem er männliche Favoriten begünstigt

Die Braut ist zwölf Jahre alt, fast noch ein Kind. Ihr karmesinroter Umhang schimmert, die blau und gold gewirkte Robe leuchtet im Kerzenschein, glitzert zwischen den steinernen Säulen. Kalt ist es vermutlich an diesem Januartag 1308 an der Nordküste Frankreichs, die Menschen stehen dicht gedrängt in der Kathedrale von Boulogne, um nicht einen Augenblick des Spektakels zu verpassen.

Allein acht Königinnen und Könige sind anwesend, darunter Ludwig von Navarra, der Bruder der Braut, der römisch-deutsche König Albrecht I. von Habsburg und seine Frau Elisabeth. Sie beobachten jeden Schritt Isabelles, Tochter des französischen Herrschers Philipp des Schönen, die trotz ihres jugendlichen Alters schon für ihre Anmut gerühmt wird.

Hier, vor dem Altar, sieht die Prinzessin ihren Bräutigam zum ersten Mal: Eduard II., seit sechs Monaten König von England. Mit seinen 23 Jahren ist er fast doppelt so alt wie sie, eine blendende Erscheinung, groß und stattlich in seinem juwelenbesetzten Mantel, ein guter Reiter, der die Jagd liebt und die Geselligkeit. Und der hinter seiner Fassade eine fast wahnhafte Obsession verbirgt: Eine Besessenheit, die seine Ehe erschüttern und sein Reich ins Chaos stürzen wird.

Dabei steht die Hochzeit ganz im Zeichen der Hoffnung. Isabelle und Eduard sind nicht nur äußerlich ein schönes Paar – ihre Verbindung ist auch ein Versprechen für die Zukunft. Ihre Eheschließung folgt politischem Kalkül. Sie soll ein dauerhaftes Bündnis zwischen Frankreich und England schmieden, den fragilen Frieden zwischen den beiden Königshäusern sichern.

Die Animositäten zwischen den Herrschern der zwei Mächte reichen weit zurück, bis in das Jahr 1066, als der Normanne Wilhelm der Eroberer mit seiner Flotte an der südenglischen Küste landet, die englischen Truppen in der Schlacht von Hastings besiegt und sich noch vor Jahresende in Westminster Abbey zum englischen König krönen lässt. Als Herzog der Normandie bleibt Wilhelm indes weiter Vasall des französischen Königs und beherrscht als solcher einen Teil Frankreichs.

Seine Nachfolger vereinen durch geschickte Heiratspolitik weitere Gebiete im Norden Frankreichs mit der Normandie, nehmen dann auch das Herzogtum Aquitanien in ihren Besitz, das den gesamten Südwesten des Königreichs umfasst.

Zeitweise scheinen sie die französischen Monarchen in deren eigenem Land zu überflügeln. Doch im 13. Jahrhundert gelingt es den Königen, die übermächtigen Lehnsleute zurückzudrängen. Nach 1259 halten die englischen Herrscher in Frankreich noch einen Teil von Aquitanien: die Gascogne an der südlichen Atlantikküste mit der Stadt Bordeaux.

Bei jedem Thronwechsel aber muss der englische König dafür seinem französischen Lehnsherrn per Kniefall huldigen und damit dessen Oberherrschaft bekräftigen. Bald wachsen die Spannungen zwischen den Königshäusern erneut. Denn während die Herrscher Englands ihr Lehen in Frankreich zunehmend als Eigentum betrachten und es souverän regieren wollen, möchten die dortigen Könige den mächtigen Vasallen am liebsten ganz vom Festland vertreiben.

Im Jahr 1294 schließlich nutzt der französische Herrscher Philipp IV. kleinere Streitereien in der englisch kontrollierten Gascogne als Vorwand, um die Region zu konfiszieren und Bordeaux einzunehmen. Mehrere Gefechte und einen Waffenstillstand später erhält Englands König Eduard I. 1303 sein Lehen zwar zurück. Der Friedensschluss ist allerdings an eine Bedingung geknüpft: Sein gleichnamiger Sohn, der englische Thronfolger, muss Philipps Tochter Isabelle ehelichen. Oder anders ausgedrückt: ohne Hochzeit keine Gascogne.

Nach seiner Thronbesteigung im Juli 1307 bleibt dem neuen König Eduard II. also keine andere Wahl, als Heirat und Huldigung anzunehmen. Zumal er nicht noch einen Unruheherd gebrauchen kann, schließlich ist er auf der Insel bereits verstrickt in einen Konflikt mit dem schottischen König Robert Bruce, der für die Unabhängigkeit seines Landes von England kämpft.

Isabelles Vater Philipp IV. wiederum verspricht sich durch die familiären Bande einen loyalen Schwiegersohn und damit die unangefochtene Oberhoheit über ganz Frankreich. Und er erhofft sich einen Enkel auf dem englischen Thron, der keine weiteren Ansprüche stellen wird. Dass dieser Nachkomme eines Tages die französische Krone für sich reklamieren könnte, ist zu diesem Zeitpunkt kaum vorstellbar: Schließlich hat Philipp neben Isabelle drei ältere, gesunde Söhne, sodass die Erbfolge auf Jahrzehnte hinaus gesichert erscheint.

Doch der wohlwollende Enkel in England ist zunächst nur ein Wunschtraum. Zumal die Leidenschaften des englischen Königs in eine ganz andere Richtung zielen, wie Isabelle spätestens mit ihrer Ankunft in ihrer neuen Heimat erfahren muss.

NACH ACHTTÄGIGEN FEIERLICHKEITEN in Boulogne setzt das Hochzeitspaar nach England über. Alles ist vorbereitetet für die junge Königin: Die Gemächer in Westminster sind herausgeputzt, die Gärten neu bepflanzt und die Fischteiche gesäubert. Doch kaum hat ihr Segler in Dover festgemacht, vergisst Eduard seine Gemahlin und alle Etikette, springt an Land und fällt Piers Gaveston um den Hals. Der König küsst den Earl of Cornwall, umarmt ihn und nennt ihn seinen Bruder. Und hat von da an kein Auge mehr für Isabelle.

„Ich erinnere mich nicht, gehört zu haben, dass ein Mann so einen anderen geliebt hätte", äußert sich der zeitgenössische Geschichtsschreiber der „Vita Edwardi Secundi" über die mutmaßliche Affäre des Königs. Die Neigung Eduards zu Gaveston ist in England schon lange kein Geheimnis mehr. Von einer „unerlaubten und sündigen Verbindung" zwischen den beiden schreibt ein Mönch an Westminster Abbey, „über die Schranken der Mäßigung hinaus". Deutlicher wird später ein weiterer Chronist, der Eduards angebliches Vergnügen „am Laster der Sodomie" betont.

Des Königs Begeisterung für den gleichaltrigen Gefährten jedenfalls ist grenzenlos und macht es ihm offenbar unmöglich, sich auf Staatsräson oder Kriegsführung zu konzentrieren. So schenkt er angeblich den Grafen und Baronen, die mit ihren Anliegen zu ihm kommen, keinerlei Aufmerksamkeit, wenn sich Gaveston im selben Raum aufhält, wie es in der „Vita Edwardi Secundi" zu lesen ist.

Schon Eduards Vater versuchte der aufsehenerregenden Beziehung Einhalt zu gebieten. Er schickte Gaveston im Frühjahr 1307 in die Verbannung. Doch als der König kurz darauf mit 68 Jahren starb, war es mit die erste Amtshandlung seines Sohnes und Nachfolgers, Gaveston zurückzuholen.

Nicht **ISABELLE** gilt die *LIEBE* ihres **MANNES**

ALS WÜTENDE ADELIGE in England gegen Eduard II. rebellieren, schlägt er den Aufstand mit großer Brutalität nieder – doch zunehmend wendet sich auch seine Frau Isabelle von ihm ab (Angriff königlicher Truppen auf eine Burg in Kent)

Seinen Freund machte Eduard zum Earl of Cornwall, ein Titel, der zuvor Mitgliedern des Königshauses vorbehalten war. Und als er zur Hochzeit nach Frankreich aufbrach, hatte er Gaveston als seinen Stellvertreter in England eingesetzt.

Mit der überschwänglichen Begrüßung am Landungssteg wird wohl auch der jungen Isabelle die Brisanz dieser Verbindung bewusst. Die mitreisende französische Gesandtschaft ist düpiert. Doch es kommt noch schlimmer: Die Krönungsfeierlichkeiten am 25. Februar in London geraten vor den Augen des Hofstaates und der gesamten Öffentlichkeit zum Skandal.

Bereits vor dem Gottesdienst droht die Lage zu eskalieren. Noch ehe Eduard und Isabelle zur Westminster Abbey schreiten, tragen höchstrangige Adelige die königlichen Insignien in die Kirche. Piers Gaveston aber hält die heiligste Reliquie des Reiches in Händen: die Krone des angelsächsischen Königs Eduard des Bekenners aus dem 11. Jahrhundert. Neben Gaveston, angetan mit einem perlenbestickten Seidengewand in Purpur, der eigentlich Kaisern und Königen vorbehaltenen Farbe, verblassen die anderen englischen Grafen in ihren goldenen Roben – sie müssen sich durch die Bevorzugung des Emporkömmlings herabgesetzt fühlen.

1325 SCHICKT DER englische König seinen zwölfjährigen Sohn nach Frankreich, damit er an seiner Stelle Karl IV. (rechts) huldigt. Doch Isabelle hält sich nicht an die Abmachung – und bleibt mit dem Kronprinzen in ihrer Heimat

Gaveston übernimmt noch weitere repräsentative Aufgaben, die sonst allein den führenden eingesessenen Adeligen zukommen: Er befestigt die Sporen an einem Fuß des Königs. Und er hält das Krönungsschwert, als Eduard und Isabelle im Licht des Winternachmittags aus der Kirche treten. Die Empörung unter den Adeligen ist zu diesem Zeitpunkt schon längst so groß, dass einige nur mit Rücksicht auf die junge Königin nicht zu den Waffen greifen.

Das festliche Dinner abends verbringt Eduard nicht an der Seite seiner Frau, sondern neben seinem Favoriten. An den Wänden hängen Teppiche, die der König eigens in Auftrag gegeben hat: verziert mit seinem eigenen Wappen – und dem von Gaveston.

Isabelles Verwandtschaft ist außer sich. Philipp IV. in Frankreich erfährt wenig später aus erster Hand von dem Eklat. Und von der Maßlosigkeit Gavestons. Denn dieser schmückt sich mit den Ringen und Juwelen, die Philipp seinem Schwiegersohn zur Hochzeit geschenkt hat, trägt sogar den Schmuck aus Isabelles Mitgift.

Die beklagt sich in einem Brief an ihren Vater, dass Eduard ihr in England immer noch keine Ländereien zugeteilt habe, aus deren Einnahmen sie ihren Unterhalt sichern könne. Dass Gaveston „unersättlich" sei in seiner Sucht nach Gold, Edelsteinen und feinem Putz, während sie selbst kaum in der Lage sei, ihren Hofstaat zu unterhalten. Kurz: dass sie sich wie „die elendste aller Frauen" fühle.

Als Tochter des mächtigen Königs von Frankreich und der kultivierten Königin von Navarra ist ihr eine solche Behandlung fremd. Schließlich bildet der französische Hof, an dem sie aufgewachsen ist, zu Beginn des 14. Jahrhunderts das Zentrum europäischer Kultur. Zwar ist die Rolle der Frau auch dort festgelegt als gehorsame Gefährtin des Mannes. Doch Isabelle ist eigenwillig und schätzt strategisches Denken: Ein edles Schachspiel befindet sich später in ihrem Besitz. Sie ist gebildet, pflegt als Erwachsene eine eigene Bibliothek. Die Erzählungen um König Artus und die Ritter der Tafelrunde, in der Frauen umworben und geehrt werden, gehören zu ihren Lieblingsgeschichten.

Isabelle weiß um ihren Status – und sieht sich in England missachtet. Ihr Mann widmet ihr weder Geschenke noch Aufmerksamkeiten. Dafür stolziert Gaveston, behängt mit Juwelen, am Hof umher, beansprucht Eduards gesamte Aufmerksamkeit und hält ihn davon ab, zum Krieg zu rüsten, während der schottische König Robert Bruce immer weiter die Engländer aus seinem Land zurückdrängt.

Gavestons Einfluss ist auch vielen hohen Adeligen längst zu groß. Bei einer Zusammenkunft des Parlaments im April 1308 fordern sie die sofortige Verbannung des Favoriten. Und Philipp IV., nach all den Nachrichten überaus verärgert und um seine Tochter besorgt, unterstützt die Kampagne mit Geld aus Frankreich. Im Mai erlässt sein Schwiegersohn immerhin eine Anordnung, dass Königin Isabelle „ehrenvoll und anständig“ mit allem Nötigen für ihre Gemächer auszustatten sei, zudem mit Mitteln für Schmuck, Geschenke und alle anderen Erfordernisse.

Die französische Intervention und der innenpolitische Druck wirken. Ende Juni 1308 verlässt Gaveston England gezwungenermaßen auf einem Schiff Richtung Dublin. Sein Titel und seine Ländereien als Earl of Cornwall fallen an die Krone zurück. Und Isabelle erhält Gebiete in der nordfranzösischen Grafschaft Ponthieu, die Eduard ebenfalls als Lehen hält, zu ihrem Auskommen.

Für Isabelle beginnt eine neue Zeit: Die junge Königin widmet sich nun ihren repräsentativen Aufgaben. Und sie begleitet Eduard auf allen seinen Reisen. Das Ehepaar scheint sich näher zu kommen und verbringt Weihnachten in aller Stille auf Windsor Castle.

Doch Eduard kann immer noch nicht von Gaveston lassen und plant offenbar dessen Rückkehr. Das bringt vermutlich Thomas, Earl of Lancaster, den reichsten und mächtigsten Baron Englands, gegen ihn auf. Obgleich er ein Cousin Eduards und zudem ein Halbbruder von Isabelles Mutter ist, wird Lancaster in den folgenden Jahren zum großen Gegenspieler des Königs.

Als es Eduard tatsächlich gelingt, Gaveston im Juni 1309 zurückzuholen, formiert sich erneut eine Adelsopposition, an deren Spitze sich bald Lancaster stellt. 1310 installieren die Barone einen Rat von 21 „Lords Ordainers“ aus ihren Reihen, und im folgenden Jahr muss der König einem Reformprogramm zustimmen, das dieses Gremium erarbeitet hat. Es entzieht dem Monarchen weitgehend die Regierungsverantwortung – und verlangt die endgültige Verbannung Gavestons. Doch der kehrt nach kurzer Zeit abermals zurück – und es kommt zum Krieg der Barone gegen den König und seinen Günstling. Schließlich wird Gaveston gefangen genommen. Lancaster und andere Earls lassen ihn am Morgen des 19. Juni 1312 köpfen.

Mit diesem Gewaltakt erreicht der Konflikt eine völlig neue und zerstörerische Dimension. Eduard ist zu schwach und politisch zu isoliert, um Lancaster und dessen Verbündete anzugreifen. Aber er kennt von nun an nur ein Gefühl: Rache.

°

Den **KÖNIG** treibt die *GIER* nach **RACHE**

ALLERDINGS BESSERT SICH Eduards Beziehung zu Isabelle in dieser Zeit. Vielleicht sucht der König in seiner Frau eine loyale Verbündete – vielleicht erhofft er sich, durch eine innigere Verbindung mit der Tochter des französischen Königs auch die eigene Stellung zu sichern. Jedenfalls besinnt sich Eduard auf seine Pflichten, einen Thronfolger zu zeugen. Mit Erfolg: Am 13. November 1312 bringt Isabelle auf Windsor Castle ihren ersten Sohn zur Welt, der Eduard genannt wird, wie sein Vater.

Isabelle ist nun 16 Jahre alt und nicht mehr das missachtete Mädchen, sondern die Mutter des nächsten englischen Königs. Eine Macht, die sie fortan zu nutzen weiß. Und die auch öffentlich sichtbar wird: Im Mai des folgenden Jahres reist Isabelle an der Seite Eduards erstmals in ihr Heimatland zurück.

Gemeinsam mit ihrem Gemahl nimmt sie an der Erhebung ihrer drei Brüder Ludwig, Philipp und Karl zu Rittern teil. Während der Feierlichkeiten erscheinen

Isabelle und Eduard wohl zum ersten Mal wieder wie das strahlende Paar ihrer Hochzeit. Ein Pariser Zeitzeuge überschlägt sich in seiner Chronik dieser Jahre mit Lobpreisungen der „klugen und edlen Isabeau" und der „Schönsten der Schönen, die wie die Sonne die Sterne übertrifft".

Zurück in England wird Isabelles Bedeutung als Friedensstifterin sichtbar: Im Konflikt ihres Mannes mit den Mördern Gavestons tritt sie als Schlichterin auf. Am 14. Oktober knien Lancaster und die anderen beteiligten Earls vor Eduard nieder, der ihnen daraufhin seine Vergebung ausspricht.

Isabelle nimmt nun endlich die Stellung ein, die sie zu Beginn ihrer Ehe so schmerzlich vermisste. Sie führt einen luxuriösen Haushalt mit rund 200 Bediensteten. Im März 1314 unternimmt sie ihre erste Reise ohne Eduard, um in Frankreich über die Gascogne zu verhandeln. Noch im gleichen Jahr stirbt ihr Vater und bereits 1316 auch dessen erster Sohn und Nachfolger Ludwig X. Neuer König wird nun Isabelles zweitältester Bruder: Philipp V.

Der Frieden mit Frankreich scheint in dieser Zeit sicher. Doch die Schotten sind auf dem Vormarsch. Und nach einer vernichtenden Niederlage gegen die nördlichen Nachbarn im Juni 1314 ist der Konflikt zwischen König und Adeligen von Neuem losgebrochen. Eduard droht abermals politisch zu scheitern. Zugleich wird Isabelle ihm immer mehr zur Vertrauten. 1316 bringt sie einen weiteren Sohn, Johann, zwei Jahre später ihre Tochter Eleonore zur Welt.

Doch die eheliche Harmonie dauert nicht lange an.

°

DENN AB 1318 BETRITT ein neuer Favorit des Königs die Bildfläche: Hugh le Despenser. Ein Adeliger, der durch Erbschaft und wohl auch durch dunkle Machenschaften zum überaus wohlhabenden Landbesitzer aufgestiegen ist. Anders als der eitle Gaveston ist er vor allem an Reichtum und Macht interessiert.

Es scheint, als wiederhole sich die Geschichte. Immer stärker gerät Eduard unter den Einfluss von Despenser, der hemmungslos seinen Besitz zu mehren trachtet. Auf sein Drängen beschlagnahmt der König eine umstrittene Herrschaft im Süden von Wales – und bringt dadurch einflussreiche Adelige mit Ländereien in der Region gegen sich auf, darunter Roger Mortimer, einen mächtigen Baron, der bislang meist loyal zu Eduard gestanden hatte. Nun aber verbünden er und andere Unzufriedene sich mit Thomas, Earl of Lancaster, seit Jahren der wichtigste Gegenspieler des Königs. Beide Seiten rüsten sich zum Krieg. Schließlich zieht eine große Armee der aufständischen Adeligen in Richtung der Hauptstadt.

Im Juli 1321 wird Isabelles viertes Kind geboren, nach dem Ort der Niederkunft auch „Johanna aus dem Tower" genannt; denn die Königin verbringt ihr Wochenbett in der schützenden Festung.

Derweil drohen die Barone, den König abzusetzen, der Angriff ihrer Truppen steht unmittelbar bevor. Es ist Isabelle, die den Frieden noch einmal retten kann. Auf den Knien fleht sie vor Zeugen ihren Mann an, den Konflikt beizulegen. Es ist ein formelles Ritual, dass es ihr als Königin ermöglicht, im Namen des Volkes zu sprechen. Und Eduard gestattet einzulenken – ohne seine Autorität als König zu beschädigen. Eduard kapituliert und schickt seinen Günstling Despenser, wie von den hohen Adeligen gefordert, in die Verbannung.

Doch ist er nicht bereit, die Niederlage hinzunehmen. Während sich gegen Ende 1321 im Kreis der Aufrührer Risse zeigen, gelingt es Eduard, seine Position zu stärken und Truppen zu sammeln. In einem grausamen Rachefeldzug besiegt der

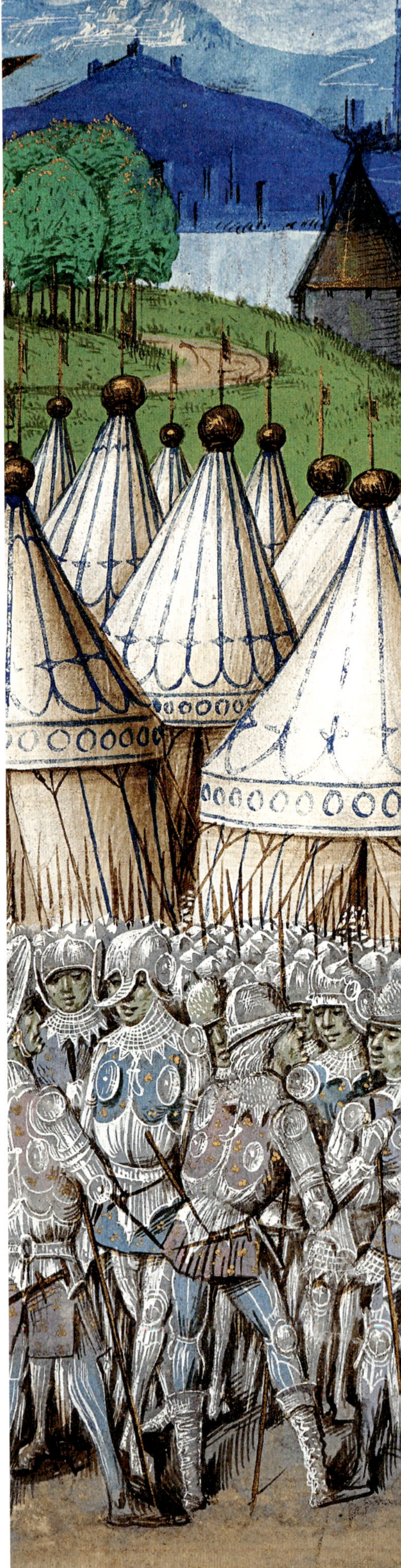

MIT EINEM SÖLDNERHEER kehrt Isabella im September 1326 nach England zurück. Hugh le Despenser, den machtgierigen Günstling ihres Mannes, lässt sie in der Stadt Hereford auf besonders grausame Weise hinrichten (im Bildhintergrund)

AUCH IHR MANN Eduard II. gerät in die Fänge von Isabelles Truppen – in dieser Darstellung wird er mit einem Schiff zu ihr gebracht. Im Januar 1327 zwingt sie ihn zum Verzicht auf den englischen Thron: ein unerhörter Putsch. Wenige Monate später fällt der Entmachtete womöglich einem Mord zum Opfer

König die Aufständischen, Dutzende Barone und Ritter fallen seiner Vergeltung zum Opfer. Der Earl of Hereford fällt im Kampf, Roger Mortimer wirft er in den Tower. Den mächtigsten Widersacher aber, Thomas of Lancaster, jenen Mann, der zuvorderst für den Tod Gavestons verantwortlich war, lässt er am 22. März 1322 im Büßergewand auf einem Maultier zu einem Hügel führen und köpfen.

Die Brutalität Eduards kennt keine Grenzen, nun, da er endlich die Gängelung durch die hohen Adeligen abgeschüttelt hat. Befeuert durch Despenser, den er schnell an seine Seite zurückgeholt hat, errichtet er eine Schreckensherrschaft. Und diesmal zählt schließlich auch seine Frau zum Lager der Gegner.

Isabelles Abneigung gegen Despenser ist allgemein bekannt. Auch seinem neuen Favoriten ist Eduard hoffnungslos ergeben. Despenser füllt den Hof mit seinen Gefolgsleuten und vermehrt seinen Besitz beständig auf Kosten anderer Adeliger durch Gewalt und Raub. Isabelle hingegen erhält bald kaum noch Geschenke und Aufmerksamkeiten, selbst manche ihrer Einnahmen werden ihr verweigert.

Das Vertrauensverhältnis zwischen den Ehepartnern ist zerrüttet. Dazu trägt wohl auch ein Ereignis im Herbst 1322 bei, als der König bei der Rückkehr von einem glücklosen Feldzug in Schottland plötzlich nach Süden fliehen muss – und seine Frau im Nordosten seines Reiches zurücklässt. Nur durch eine dramatische Flucht übers Meer kann Isabelle ihr Leben vor den herannahenden Schotten retten.

°

IN DIESER VERFAHRENEN SITUATION fordert 1323 Isabelles dritter Bruder, der nach dem Tod Philipps V. im Vorjahr als Karl IV. die Herrschaft in Frankreich übernommen hat, die Gunstbezeugung seines Vasallen auf Englands Thron. Doch Eduard will sein Land nicht verlassen: Die sich erneut formierende Adelsopposition könnte seine Abwesenheit nutzen, um gegen den verhassten Despenser vorzugehen.

Als Karl IV. im August 1324 die Gascogne besetzt, kommt es zum Krieg – und gerät auch Isabelle unter Druck. Wohl unter Despensers Einfluss entzieht ihr Eduard ihre Ländereien, streicht die meisten ihrer Einnahmen und verweist alle Untertanen des französischen Königs vom englischen Hof – darunter auch Isabelles Bedienstete und Vertraute. Zuletzt nimmt er ihr die drei jüngeren Kinder fort und unterstellt sie der Erziehung von Despensers Frau und Schwester. Isabelle lebt nun fast wie eine Gefangene. Erst der Papst eröffnet ihr einen Ausweg.

Johannes XXII. in Avignon, womöglich angestiftet von Karl IV., schlägt vor, Isabelle solle anstelle von Eduard nach Paris fahren, um über die weiterhin umstrittene Gascogne zu verhandeln. Der englische König, zerrissen zwischen innenpolitischen Kämpfen und außenpolitischen Bedrohungen, stimmt zu. Wie schon so oft in seinem Leben unterschätzt er die Entschlossenheit seiner gedemütigten Frau.

Im März 1325 geleitet Eduard Isabelle nach Dover. Der König erinnert sich später an ihre „liebenswürdigen Blicke und Worte“ am Hafen. Sogar Despenser habe sie höflich und freundlich verabschiedet. „Sie schien niemandem böse zu sein“, soll er der „Vita Edwardi Secundi“ zufolge gesagt haben. Er irrt sich. Eduard wird seine Frau nicht mehr wiedersehen.

In Frankreich verhandelt Isabelle ganz im Sinne von Englands König – doch der Vertragsabschluss zieht sich hin. Für Isabelle wohl auch eine willkommene Gelegenheit, den Aufenthalt in ihrem Heimatland zu verlängern.

Ihre Ankunft in Paris nutzt Isabelle zu einem glänzenden Staatsauftritt: Hoch zu Ross reitet sie in der Hauptstadt ein. Die Haare trägt sie nach der letzten Mode in einem goldenen Geflecht – jeder Zoll eine Königin.

Ende Mai sichert Karl IV. schließlich zu, die Gascogne, bis auf ein Gebiet namens Agenais, zurückzugeben – unter der Voraussetzung, dass ihm Eduard endlich persönlich den Lehnseid leistet. Das Vertragswerk bleibt weit hinter dem zurück, was sich der von Isabelles Mission erwartet hat, doch angesichts der militärischen Lage muss er einlenken. Als sich Eduard jedoch Ende August in Dover bereit macht für die Überfahrt, hält ihn Despenser erneut davon ab.

Da kommt ein Vorschlag aus Frankreich: Nicht Eduard II., sondern sein Sohn, der junge englische Thronfolger, soll das Knie vor Karl IV. beugen und damit das Lehen übernehmen. Isabelle unterstützt die Idee vehement, ist womöglich gar die Urheberin – aus Kalkül.

Im September 1325 verlässt der zwölfjährige Eduard England – mit einem eindeutigen Auftrag seines Vaters: dem französischen König zu huldigen und seine Mutter zur sofortigen Rückkehr aufzufordern. Diese Nachricht, so berichtet es die „Vita Edwardi Secundi", überbringt ein Gesandter Isabelle in Anwesenheit ihres Bruders. Und die Königin weiß die Bühne, die sich ihr nun bietet, zu nutzen, wie der Schreiber überliefert: „Ich glaube, die Ehe ist eine Verbindung von Mann und Frau", erklärt sie, „und jemand strebt diesen Bund zwischen meinem Mann und mir zu zertrennen. Ich verkünde, nicht zurückkehren zu wollen, bis dieser Eindringling entfernt worden ist."

Eduard reagiert vollkommen schockiert. Briefe wechseln über den Kanal. Doch die Selbstermächtigung seiner Frau zeigt in Frankreich bereits Wirkung. Hier haben sich in den vergangenen Jahren immer mehr Abtrünnige aus England eingefunden. Unter den Rebellen, die sich nun um Isabelle scharen, ist auch Roger Mortimer, der 1323 aus dem Tower fliehen konnte. Für Isabelle wird Mortimer zum idealen Verbündeten – und bald auch zum Geliebten.

Denn nachdem Eduard weiter nicht bereit ist, Despenser zu verbannen, gibt es für Isabelle schließlich kein Zurück mehr an seine Seite. Die Dreißigjährige handelt fortan souverän. Und verlobt ihren Sohn eigenmächtig mit Philippa, der jungen Tochter des reichen Grafen Wilhelm von Hennegau. Im Gegenzug erhält Isabelle die Mitgift in Form von Geld, Truppen und Schiffen. In kürzester Zeit stellt sie ein Söldnerheer zusammen. Und setzt zum Angriff an: gegen ihren eigenen Mann.

Am 24. September 1326 landen Isabelle und Roger Mortimer an der Küste von Essex. Ihre Truppen treffen auf wenig Widerstand, stattdessen laufen viele Adelige, aber auch einfache Bürger und Bauern zu den Invasoren über – wohl aus Hass auf Eduard und das Regime seines Günstlings.

Der König und Despenser fliehen zu Pferd aus London. Ein wütender Mob tobt später durch die Stadt und lyncht Eduards Verbündeten, den Bischof von Exeter, auf offener Straße. Im November geraten schließlich Despenser und der König selbst in Gefangenschaft. Der gestürzte Favorit wird vor Isabelle und Mortimer gebracht, dann bei lebendigem Leib entmannt, ausgeweidet und endlich geköpft.

Mit ihrem Ehemann verfährt Isabelle subtiler. Auf einer Parlamentsversammlung sprechen sich Bischöfe, Adelige und Repräsentanten aller Stände für Isabelles Sohn als neuen König aus. Der Schein der Legitimität bleibt gewahrt. Doch der Putsch ist unerhört – noch nie seit der normannischen Eroberung Englands ist ein Monarch zu Lebzeiten abgesetzt worden.

In seinem Gefängnis auf Kenilworth Castle, nicht weit von Gavestons Hinrichtungsstätte entfernt, unterschreibt Eduard II. im Januar 1327, schwach und gebrochen, seine Verzichtserklärung. Er stirbt noch im September des Jahres – womöglich keines natürlichen Todes. Ob Mortimer oder auch die Königin selbst den Auftrag erteilt haben, Eduard zu töten, bleibt ungeklärt. Die Beisetzung des verstorbenen Ex-Königs

ALS EDUARD III. wird Isabelles Sohn 1327 zum neuen König von England gekrönt, doch zunächst regiert sie selbst an seiner Stelle. Im Jahr darauf beansprucht sie für ihn auch die Krone Frankreichs – und der Konflikt zwischen den Herrscherhäusern eskaliert

erfolgt öffentlich – unter den Augen der trauernden Witwe. Danach erhält Isabelle Eduards einbalsamiertes Herz in einer silbernen Schatulle.

Bereits am 1. Februar 1327 ist der 14-jährige Kronprinz als König Eduard III. gekrönt worden. Die Regierungsgeschäfte führt weiterhin seine Mutter. Doch als Regentin scheint Isabelle ihr taktisches Geschick zu verlassen. So legt sie mehr Wert auf Status und Reichtum als auf politische Einigkeit, reißt zahllose Ländereien an sich und bereichert sich über die Maßen an der von Despenser prall gefüllten Schatzkammer. Zudem gewährt Isabelle dem schottischen König in einem Friedensschluss Unabhängigkeit, verärgert so die englischen Adeligen. Und auch ihren Sohn.

Ihre vielleicht folgenreichste Entscheidung aber trifft sie in Bezug auf ihr Heimatland. Und trägt so dazu bei, einen Konflikt zu entfachen, der England und Frankreich die nächsten hundert Jahre gefangen halten wird.

°

ALS ISABELLES BRUDER KARL IV. 1328 ohne männlichen Nachkommen stirbt, ist Eduard III. als Enkel Philipps IV. der nächste männliche Verwandte des verstorbenen Königs. Und diesen Anspruch macht Isabelle im Namen ihres Sohnes geltend.

In Frankreich setzt sich jedoch ein anderer Prätendent durch, ein Neffe Philipps IV. Er weiß die mächtigen Adeligen des Landes auf seiner Seite, zudem bestätigen Rechtsgelehrte seinen Anspruch, indem sie befinden, die weibliche Linie über Isabelle sei nicht zu berücksichtigen. Als ihr Cousin, der sich als Philipp VI. zum Herrscher krönen lässt, von Eduard den Lehnseid für dessen französischen Besitz einfordert, ist Isabelles Antwort dementsprechend harsch: „Mein Sohn, der Sohn eines Königs, wird niemals dem Sohn eines Grafen huldigen“, soll sie gesagt haben.

Auch der junge Eduard, noch ganz dem Einfluss seiner Mutter erlegen und selbst weitgehend handlungsunfähig, weigert sich womöglich zunächst, den neuen Monarchen von Frankreich anzuerkennen. Doch offenbar können die englischen Adeligen, die einen Krieg auf dem Kontinent und die dafür nötigen Abgaben scheuen, ihren Herrscher (und seine Mutter) davon überzeugen, sich dem französischen König Philipp VI. zu unterwerfen und den Lehnseid zu leisten.

Doch vergessen wird Eduard III. seinen Anspruch auf die französische Krone nicht. Und der seit Langem schwelende Konflikt zwischen den Herrscherhäusern wird nun bald vollends eskalieren: Zum Hundertjährigen Krieg, der keine Dekade später beginnen wird.

Zunächst aber zeigt sich Eduard III. in seinem eigenen Reich streitbar. Zunehmend missfällt ihm die Willkürherrschaft Mortimers und seiner Mutter. Er ist knapp 18 Jahre alt, als er die Macht an sich reißt. In einer Oktobernacht 1330 greift er Isabelle und ihren Liebhaber auf. Er lässt Mortimer wegen Mordes an seinem Vater und der unrechtmäßigen Aneignung königlicher Macht verurteilen und hinrichten. Und seine Mutter in luxuriöse Gefangenschaft nach Windsor Castle bringen. Doch nach gut einem Jahr ist Isabelle wieder weitgehend frei und rehabilitiert.

Die kommenden 26 Jahre sind wohl die friedlichsten ihres Lebens. Die Wertschätzung, die sie sich als junge Braut und Ehefrau erhoffte und die sie sich als Königin nur zeitweise erkämpfen konnte, erfahrt sie nun als Königinmutter.

Am 22. August 1358 stirbt Isabelle in Anwesenheit ihrer jüngsten Tochter Johanna. Noch im Tod erinnert sie an die hoffnungsvolle Braut, mit der alles begann. Um ihren einbalsamierten Leichnam wird der karmesinrote Umhang geschlungen, den sie bei ihrer Hochzeit trug. Und im Sarg legt man ihr das Herz ihres Mannes in der silbernen Schatulle auf die Brust. Sie selbst hat es so gewollt. ◊

LITERATURTIPPS

ALISON WEIR
»Isabella – She-Wolf of France, Queen of England«
Spannend geschriebene, aber quellenbasierte Biografie (Vintage Books).

ANNE CURRY
»Der Hundertjährige Krieg«
Konzises Überblickswerk, das auch die Vorgeschichte des Konflikts abdeckt (Primus).

Lesen Sie auch **»Wilhelm der Eroberer: Sturm auf die Inselfestung«** – über die Einnahme Englands durch die Normannen im Jahr 1066 (aus GEO*EPOCHE* Nr. 49) auf *www.geo-epoche.de*

IN KÜRZE

Immer wieder kommt es zu Spannungen zwischen Frankreich und England, weil dessen Herrscher auch Besitzungen auf dem Festland haben. Die Vermählung von Isabelle, der Tochter des französischen Königs, mit Eduard II. von England im Januar 1308 soll eigentlich Frieden stiften, führt jedoch in die Eskalation: 1328 fordert Isabelle den französischen Thron für ihren Sohn, König Eduard III. – und trägt so dazu bei, den Hundertjährigen Krieg zu entfachen.

Die PF

ZWEI UNGLEICHE Eliteeinheiten eröffnen am 26. August 1346 die Schlacht bei Crécy: die genuesischen Armbrustschützen in Diensten König Philipps VI. von Frankreich und die englischen Langbogentruppen Eduards III.

MACHT der PFEILE

Als Eduard III. von England mit einem Invasionsheer in das Reich von König Philipp VI. einfällt, kommt es 1346 zur ersten großen Feldschlacht des Hundertjährigen Krieges. Ihr Ausgang markiert eine militärische Zeitenwende

TEXT: *Reymer Klüver*

EDUARD III. von England ist ein erfahrener Feldherr. Der Enkel des französischen Monarchen Philipps des Schönen sieht sich als rechtmäßigen Thronfolger

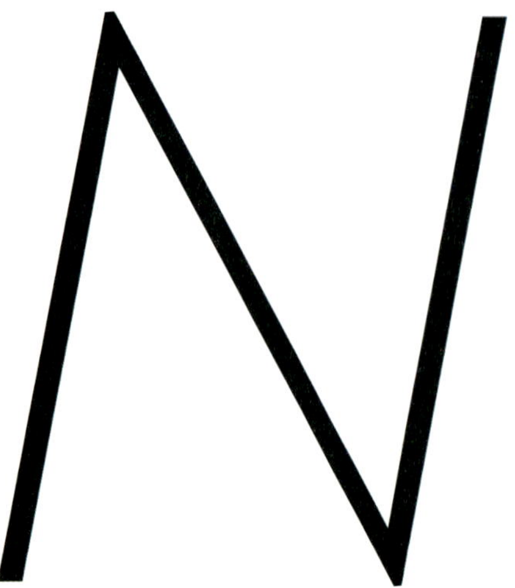

Noch einen Moment. Jetzt nicht die Ruhe verlieren. Sekunden werden entscheiden über Leben und Tod – ihr Leben und ihren Tod.

Still verharren die Schützen des englischen Königs Eduard III. in ihren Stellungen, neben sich mannshohe Bögen aus Eibenholz und vor ihnen jeweils Dutzende Pfeile, die sie mit der Spitze zuerst in den Ackerboden gerammt haben. Einen Pfeil aber hat jeder der Männer schon eingelegt, Geschosse, die meisten mit scharfen Metallköpfen, die Rüstungen durchschlagen können – und manche mit Widerhaken, die schmerzhafte Wunden verursachen und verhindern, dass sich der Pfeil leicht entfernen lässt.

Aber die Sehnen ihrer Bögen haben sie noch nicht ausgezogen. Alle schweigen. Keiner rührt sich. Sie warten darauf, dass der Befehl zum Abschuss kommt.

Vor ihren Augen spielt sich ein furchteinflößendes Spektakel ab. Gerade ist ein Gewitterregen niedergegangen. Aber jetzt blitzt schon wieder die spätsommerliche Abendsonne zwischen den davonziehenden Wolken hervor. Tausende Männer marschieren in Nasse und Matsch in dichten Reihen auf, nicht mehr als 500 Meter entfernt. Das gewaltige Heer des französischen Königs Philipp VI. sammelt sich ihnen gegenüber, jenseits einer Senke.

Farbenprächtige Standarten flattern dort im Wind. Natürlich die des französischen Monarchen, aber auch die seines heißblütigen Bruders Karl, Graf von Alençon, die Banner von Grafen und Herzögen und nicht weniger als dreier weiterer Könige: des Herrschers von Mallorca, des greisen Regenten von Böhmen und das seines Sohnes, des römisch-deutschen Königs.

Ein mächtiges Aufgebot. Und nicht zu übersehen die Oriflamme, die Goldflamme, blutrot und golden schimmert die Kriegsfahne der französischen Könige.

Trompetenfanfaren zerschneiden die Luft, dumpfe Paukenschläge hallen unheilvoll über die abgeernteten Getreideäcker. Vorn ziehen Armbrustschützen auf, gefürchtete Söldner aus Genua. Wohl 5000 Mann dürften es sein, das ist rund die Hälfte des gesamten englischen Invasionsheeres. Hinter ihnen blitzen die Rüstungen der schwer bewaffneten Reiter im Abendlicht. Auch sie sind Tausende, und es werden immer mehr, am Ende vielleicht 12 000.

Rasch wechseln sie noch die Pferde, mit frischen Tieren wollen die Ritter in die Schlacht. Lanze und Schild werden ihnen gereicht. Dann gruppieren sie sich um die Banner ihrer Anführer. Das alles können die Engländer von der flachen Kuppe aus genau beobachten.

Nichts wird diese Schlacht noch aufhalten. Die Schlacht von Crécy, benannt nach dem Weiler, bei dem die Soldaten des englischen Königs vor einem Wald Position bezogen haben, rund 15 Kilometer entfernt von

PHILIPP VI. von Frankreich, ein Neffe Philipps des Schönen, trägt seit 1328 jene Krone, die auch Eduard III. für sich beansprucht. Er gilt als unentschlossen und zögerlich

Abbeville an der Somme. Es ist der 26. August 1346, ein Samstag, kurz vor der Vesper, wie die Chronisten vermerken werden, kurz vor sechs Uhr abends.

Tatsächlich wird sich der Name Crécy einbrennen als blutiges Fanal in den Anfängen des Hundertjährigen Krieges zwischen den Herrscherhäusern Englands und Frankreichs. Crécy, die erste große Feldschlacht des epischen Ringens, wird stehen für militärische Innovationen und taktische Finesse – und zugleich für fehlgeleiteten Stolz, der Tausende Menschenleben kostet.

Der Konflikt, der zu dieser Schlacht führt, schwelt seit vielen Jahren – und aus ihm ist eine persönliche Feindschaft jener beiden Herrscher erwachsen, die bei Crécy die Truppen anführen. Beide nämlich haben Anspruch auf den französischen Thron erhoben, als 1328 Frankreichs König Karl IV. ohne einen Erben starb – denn beide sind mit ihm verwandt, genauer mit seinem Vater, Philipp dem Schönen.

Eduard III., der englische Herrscher, hat Philipps Tochter Isabelle zur Mutter, ist also dessen Enkel (siehe Seite 26). Doch Frankreichs Mächtige weisen ihn als König zurück – und krönen stattdessen Philipp von Valois, einen Neffen Philipps des Schönen, zu Philipp VI.

Eduard, der als Herzog von Aquitanien im Südwesten Frankreichs gleichzeitig Vasall des französischen Königs ist, akzeptiert das nicht. Knapp ein Jahrzehnt später schmiedet er ein Bündnis mit etlichen Fürsten in den Niederlanden, um Philipp nun von Flandern aus zu bedrohen.

Im Mai 1337 entzieht Philipp ihm offiziell die englischen Besitzungen in Aquitanien. Eduard aber weigert sich, dem Rivalen die Kontrolle über seine Gebiete zu überlassen. Damit hat Philipp einen Grund, mit Gewalt gegen den rebellischen Vasallen vorzugehen. Nach mehreren Angriffen der Franzosen landet Eduard 1339 mit einem Heer in Flandern, lässt sich im Januar 1340 in Gent zum französischen König ausrufen.

Als im Juni weitere englische Truppen über den Kanal segeln, schickt Philipp eine Flotte von 213 Schiffen, um die Feinde noch auf dem Wasser abzufangen. Auf einem Meeresarm in Flandern kommt es beim Ort Sluis zur ersten Seeschlacht des Krieges. Sie endet im Desaster für die Franzosen, die 190 Schiffe verlieren und mindestens 15 000 Mann. Der Landung der Engländer steht nichts mehr im Wege.

Philipp verfügt zwar über eine große Armee, geht einer Entscheidungsschlacht aber aus dem Weg. Stattdessen schließt er im September 1340 ein Waffenstillstandsabkommen mit Eduard, der sich – von Geldnöten geplagt – bald darauf nach England zurückzieht.

Die Rivalität allerdings bleibt. Und schon 1342 bietet ein Streit um die Erbfolge im Herzogtum Bretagne Eduard Anlass, erneut über den Kanal zu setzen. Es gelingt ihm, Teile der Bretagne zu besetzen. Doch einen weiteren Vormarsch halten die Franzosen mit deutlich überlegenen Kräften auf. Erneut vereinbaren beide Seiten einen Waffenstillstand.

1346 schließlich will Eduard eine Entscheidung erzwingen. Der Zeitpunkt erscheint ihm günstig. Mit Zwangsabgaben von Städten und geistlichen Herren hat er sich eine ausreichende finanzielle Grundlage verschafft. Das englische Parlament, das ihm das Geld für seine militärischen Abenteuer sperren könnte, tritt erst im September des Jahres zusammen. Zudem waren die Ernten in den Jahren zuvor gut – es herrscht keine Not im Land.

Mit großem Aufwand zieht Eduard sein Invasionsheer und eine Flotte in Portsmouth zusammen. Am 11. Juli verlassen etwa 14 000 Soldaten an Bord von 750 Schiffen die Insel. Am Morgen des nächsten Tages gehen sie in der Normandie bei Saint-Vaast-la-Hougue an Land.

Eduard ist zu diesem Zeitpunkt erst 33 Jahre alt, jedoch bereits seit fast zwei Jahrzehnten auf dem Thron. Großgewachsen

MITTTE AUGUST 1346 stellt ein französischer Feldherr in Eduards Diensten Getreue Philipps VI. Er ist nicht der einzige Franzose, der aufseiten der Engländer (von links angreifend) kämpft

SCHÜTZEN gegen SCHÜTZEN

und tatkräftig ist er trotz seiner relativ jungen Jahre ein erfahrener Truppenführer. In Kämpfen mit den Schotten gut zehn Jahre zuvor hat er etwa die verheerende Wirkung des massiven Einsatzes von Langbögen studiert – und deshalb Tausende von Schützen für den Feldzug rekrutiert.

Die uralte Waffe hat nichts von der Raffinesse der Armbrust, einer damals modernen und gefürchteten Präzisionsmaschine, deren Bolzen eine schreckliche Durchschlagskraft entwickeln. Aber die Armbrust hat zwei Nachteile: Feuchtigkeit und Nässe verringern ihre Reichweite. Und das Nachladen des komplizierten Mechanismus dauert. In einer Minute können mit der Armbrust lediglich drei Bolzen abgeschossen werden.

Bogenschützen hingegen kommen auf acht, geübte Kämpfer durchaus auch auf 15 Pfeile. Ihre Aufgabe in Schlachten: Den anstürmenden Gegner auf Distanz halten und schwächen, bis er sich demoralisiert zurückzieht oder bei einem gezielten Gegenangriff geschlagen werden kann.

Nach der Landung in der Normandie treffen die Invasoren aber zunächst auf wenig Gegenwehr. Die Franzosen haben nicht genug Truppen in der Gegend, um Eduards Heer aufhalten zu können. Brandschatzend ziehen die Engländer von der Halbinsel Contentin in Richtung Seine, nach gut einem Monat stehen sie am linken Ufer des Flusses.

Inzwischen hat auch Philipp ein Heer zusammengezogen. Mit 53 Jahren ist der französische König deutlich älter als sein Gegenspieler, er gilt als zögerlich und entscheidungsschwach. Politisch jedoch ist er durchaus einflussreich, was nicht zuletzt das Koalitionsheer zeigt, das er zusammengetrommelt hat. Ein enormes Aufgebot, manche Historiker schätzen, dass es am Ende 40 000 Mann umfasst. Mit dieser Übermacht blockiert Philipp die Brücken über die Seine.

Eduard aber gelingt es, seinen Gegner zu überlisten. Bei Poissy, unweit von Paris, lässt er an einer unbewachten Stelle kurzerhand eine Brücke über den Fluss errichten, überquert so ungehindert mit seinem Heer die Seine und marschiert weiter nach Norden. Das strategische Ziel: die Hafenstadt Calais zu erobern.

Doch dafür müsste Eduards Heer auch die Somme überqueren. Wieder haben die Franzosen alle Übergänge abgeriegelt, Philipps Soldaten sind den englischen Truppen zudem von Süden her dicht auf den Fersen. Eduard aber kann sich in der Nähe der Flussmündung gegen die französischen Truppen durchsetzen und seine Männer über eine Furt ans andere Ufer führen. Nun sind sich beide Heere jedoch so nahe, dass Eduard mit seiner erschöpften Armee nicht mehr weitermarschieren will. Der Entscheidungskampf scheint unausweichlich.

NAHE DER Mündung der Somme in den Ärmelkanal gelingt es den Truppen Eduards III., den Fluss zu überqueren – trotz Gegenwehr der Franzosen (rechte Seite)

Bei Crécy lässt Englands König sein Heer Aufstellung nehmen. Hier will er den Gegner erwarten. Das Schlachtfeld ist klug gewählt. Die Soldaten stehen auf einer Hügelkuppe in Verteidigungsposition. Im Rücken schützt sie der Wald vor einem Überraschungsangriff, an den Flanken verhindern die Häuser zweier Dörfer den Aufmarsch des Gegners oder eine plötzliche Reiterattacke. Zusätzlich heben Eduards Männer dort noch Gräben und Fallgruben aus, die jedes Pferd straucheln lassen würden.

Philipp muss also frontal angreifen – und seine Truppen über das offene Feld einer Senke führen, direkt auf den Gegner zu. Dorthin, wo Eduard seine stärkste Truppe, die besten und erfahrensten Kämpfer, unter dem Kommando seines Sohnes aufstellt. Und in zwei Keilformationen seitlich links und rechts jeweils etwa 1000 Bogenschützen Position beziehen lässt.

Tatsächlich geht Philipp auf die Herausforderung ein. Lange genug hat ihn Eduard auf seinem Marsch durch Frankreich übertölpelt und war seinen Truppen immer etwas voraus.

Philipps Bruder drängt zum Angriff. Die schwer bewaffneten französischen Reiter halten das Aufgebot der Engländer für so hoffnungslos unterlegen, dass sie es noch in den wenigen verbleibenden Stunden mit Tageslicht erledigen wollen. Die englischen Bogenschützen – überwiegend Bauern – sind ihrer einfachen Herkunft wegen für sie „Leute ohne Wert“, wie ein Mönchsschreiber im Kloster St. Denis damals festhält. Nicht der Rede wert – vermeintlich.

Trotz der späten Stunde und eines Gewitterschauers, der den Boden aufweicht, gibt Philipp den Befehl zum Angriff – dabei sind längst noch nicht alle französi-

schen Einheiten am Schlachtfeld eingetroffen. Aber die Armbrustschützen sind da und die wichtigsten Reiter. Philipps Truppen nehmen bei strömendem Regen Aufstellung. Dann klart es wieder auf.

Ein Brüllen, aus Tausenden Kehlen gleichzeitig: Die genuesischen Armbrustschützen in vorderster Front rücken geschlossen vor. Halten inne. Wieder der infernalische Schrei, und wieder ziehen die Söldner voran. Als könne nichts diese Kriegsmaschine aufhalten. Und noch einmal, ein drittes Mal, kommen sie auf breiter Front näher. Die Engländer ihnen gegenüber bewegen sich keinen Fußbreit.

Die Armbrustschützen legen ihre Waffen an. Stille. Dann ein Knall wie von Hunderten Peitschen gleichzeitig. Aus den Armbrüsten lösen sich die Bolzen. Kurz schwirrt die Luft schwarz von den Geschossen – ehe sie harmlos auf das Stoppelfeld stürzen. In Eduards Reihen ist nicht ein Mann getroffen. Die Genuesen, eigentlich Meister ihres tödlichen Handwerks, haben sich verschätzt. Vielleicht hat die Feuchtigkeit den Sehnen der Armbrüste die Spannung genommen oder die Sonne die Schützen geblendet; die Bolzen fliegen nicht weit genug.

Vielleicht hat Eduard das erahnt und deswegen gewartet. Vielleicht hat er auch einfach nur Glück. Jetzt jedenfalls lässt er zurückschießen. Feuerblitze gleißen auf, beißender Rauch steigt empor, Donnergrollen rollt den Hügel hinab: Die Engländer feuern aus drei Kanonen auf die Söldnertruppe der Franzosen. Steinkugeln und Metallstücke fahren zwischen die Männer, treffen einige wenige.

Konsterniert halten die Genuesen inne, das haben selbst die hartgesottensten Kerle in ihren Reihen noch nicht erlebt. Bei Belagerungen haben Geschützkugeln die Festungsmauern der Städte beschädigt, gewiss; aber Kanonen in der Feldschlacht auf Soldaten abschießen? Das hat vermutlich noch niemand getan. Es ist eine militärische Innovation – aber im Grunde kaum mehr als die Ouvertüre für den Einsatz der wirklich entscheidenden Waffe.

Denn nun, in diesem kurzen Moment der Verwirrung, erhalten die englischen Schützen das ersehnte Kommando. 2000 Männer heben ihre Langbögen, treten mit einem Fuß nach vorn, spannen die Sehne, lassen sie los und im Winkel von 45 Grad sausen die gut 70 Zentimeter messenden Pfeile davon und senken sich als dunkle Wolke direkt auf die Genuesen. Mit der Wucht einer Revolverkugel prallen sie auf ihr Ziel: Kettenhemden durchschlagen sie mühelos, selbst die Rüstungen der Reiter stellen bei kürzerer Entfernung nur selten ein Hindernis dar.

AM 26. AUGUST stellt Eduard III. den französischen Rivalen zur Schlacht. Seine Langbogenschützen sind den Armbrusttruppen Philipps VI. in Reichweite und Frequenz weit überlegen

Und während die ersten Pfeile noch durch die Luft schwirren, haben die Schützen schon die nächsten aus dem Boden vor sich gerissen, eingelegt, abgeschossen. Schätzungsweise 20 000 Pfeile pro Minute.

Schutzlos sind die genuesischen Armbrustschützen dem Geschosshagel ausgesetzt. Ihre gesteppten Wämser halten der Durchschlagskraft der Pfeile nicht stand. Und ihre hölzernen Schutzschilde befinden sich im Heerestross, der noch nicht am Schlachtfeld eingetroffen ist. Schreiend brechen etliche Söldner zusammen, blutüberströmt; andere sinken lautlos nieder. Binnen weniger Sekunden liegen Dutzende tödlich getroffen auf dem Feld, bald sind es Hunderte.

Es gibt nur ein Entkommen: Die Männer drehen sich um, wenden sich dorthin, wo die französischen Reiter stehen. Manche werfen ihre Armbrüste davon, damit sie schneller rennen können.

Doch sie laufen geradewegs in ihr Verderben. Die stolzen französischen Ritter akzeptieren kein Zurück. Sie halten ihre bezahlten Kampfgenossen für Feiglinge.

Ergrimmt erteilt ihr Kommandeur, der Graf von Alençon, den Befehl, die eigenen Leute niederzureiten. Von weiter hinten soll Philipp sie sogar angefeuert haben: „Tötet das Gesindel!“ Mit gezücktem Schwert prescht Karl

ÜBERALL liegen LEICHEN

IM ZENTRUM der Schlacht prallen englische und französische Ritter schließlich aufeinander. Etwa fünf Stunden dauert das Töten. Dann steht der Sieger fest: Eduard III.

voran, und das Ritterheer folgt ihm. Die Hufe der Pferde dröhnen auf dem Ackerboden.

Auf breiter Front stürmt Frankreichs adelige Elite vor: Reiter in schweren Rüstungen, die Visiere heruntergeklappt, die Lanzen gesenkt. Die fliehenden Armbrustschützen in ihrem Weg werden niedergeritten, mit Lanzen durchbohrt, mit Schwertern zerhackt, als seien sie die Gegner.

Derweil senden die englischen Bogenschützen unablässig ihre Pfeile gen Himmel. Die ersten französischen Reiter stürzen, Pferde scheuen und gehen durch. Getroffen stürzen noch mehr Pferde, fallen übereinander und reißen ihre Reiter mit ins Verderben. Andere Angreifer werden im vollen Galopp von den Geschossen der Engländer durchbohrt. Die französische Front gleicht einer Todeszone. Ein Haufen sich windender und aufbäumender Tierleiber, dazwischen Leichen und die Körper schwerverletzter Reiter.

Nur einmal gelingt es einigen wenigen französischen Rittern, das Sperrfeuer zu überwinden und bis zu den englischen Reihen vorzudringen – dorthin, wo der Thronfolger steht, Eduard, der 16-jährige, älteste Sohn des Königs, später der „Schwarze Prinz" genannt (siehe Seite 64). Kurz entsteht ein heftiges Getümmel. Doch bald liegen die zahlenmäßig unterlegenen Angreifer erschlagen auf dem Schlachtfeld.

Trotzdem attackieren die französischen Ritter immer wieder die englische Abwehrbastion. Ihre simple Taktik überdenken sie nicht. Fast so, als könnten sie schlichtweg nicht begreifen, dass es für sie kein Durchkommen gibt.

Kurz vor Einbruch der Dunkelheit lässt sich noch der greise König von Böhmen an die Front führen. Der alte Mann ist blind, er kann eigentlich nichts ausrichten auf dem Schlachtfeld, es soll aber keiner sagen, er habe sich dem Kampf nicht gestellt. Das Schlachtross ihres Königs an ihre Pferde gekettet, greifen die böhmischen Ritter an. Tödlich getroffen stürzen sie im Pfeilhagel von ihren Tieren, einer nach dem anderen, auch ihr König.

Sein Tod versinnbildlicht das Versagen der ritterlichen Militärtaktik: das vielleicht ehrenvolle, aber völlig nutzlose Anrennen gegen einen Gegner, der an diesem Ort, in dieser Schlacht mit den herkömmlichen Mitteln offensichtlich nicht zu schlagen ist.

Das Gemetzel von Crécy dauert fünf, sechs Stunden an. Am Ende flieht Philipp VI., von einem Pfeil im Gesicht verletzt, auf eine nahe gelegene Burg. „Mach auf, hier ist der unglückliche König von Frankreich", soll er dem Kastellan am Tor zugerufen haben. Am Morgen tauchen ein paar Tausend Fußsoldaten und einige Reiter, die sich noch in Philipps Tross befanden, am Schlachtfeld auf. Der Nebel nimmt ihnen die Sicht, und die Engländer machen sie erbarmungslos nieder, ebenso wie versprengt fliehende Franzosen.

Über die Zahl der Toten gibt es nur Schätzungen: 1542 gefallene gegnerische Ritter zählen die Engländer, unter ihnen der Bruder des Königs. Tatsächlich dürften es noch mehr gewesen sein. Und getötete Fußsoldaten vermerkt ohnehin niemand genau. Die Engländer beklagen nur wenige Verluste: Bei einem Appell fehlen 40 Ritter.

Entscheidend für ihren Triumph war der massierte Einsatz von Langbogenschützen, auch die überraschende Einführung von Kanonen im offenen Feld hat wohl einen Vorteil gebracht. Vor allem aber waren die Unzulänglichkeiten der französischen Seite verhängnisvoll: Sie hatte die Schlacht mit unvollständiger Ausrüstung sowie noch fehlenden Truppen auf für sie ungünstigem Gelände begonnen – und die Stärke ihres Gegners dabei verkannt.

Doch Lehren aus ihren militärischen Fehlern werden die französischen Ritter so schnell nicht ziehen, vermutlich aus groteskem Stolz. Bei Poitiers zehn Jahre später rennen sie erneut ungestüm in den Pfeilhagel der Engländer; eine weitere Niederlage für die zahlenmäßig deutlich überlegenen Franzosen.

Selbst nochmal mehr als ein halbes Jahrhundert später, in Azincourt, machen sie denselben taktischen Fehler (siehe Seite 112). Auch diese Schlacht endet für sie im Desaster, weil sie die tödliche Durchschlagskraft der Waffe des einfachen Fußvolks weiterhin unterschätzen.

Die unmittelbaren Konsequenzen der Schlacht von Crécy allerdings bleiben beschränkt. Denn Eduard III. verfügt einfach nicht über genug Leute, um Frankreich besetzen zu können. (Das Einzige, was er dauerhaft halten kann, ist die Hafenstadt Calais, die er 1347 nach knapp einjähriger Belagerung schließlich einnimmt und die künftig als Brückenkopf für weitere englische Expeditionen nach Frankreich dienen wird.)

Philipp VI. hat den Kampf überlebt, bleibt französischer König – gedemütigt, aber keineswegs niedergerungen.

Und so ist die größte Folge von Crécy, dass der Machtkampf zwischen den Dynastien andauert. Eine Niederlage hätte für Eduard III. wohl das Ende seiner kontinentalen Träume bedeutet: Das Parlament hätte ihm kaum Geld für ein weiteres Expeditionsheer gewährt. Nun aber sind die Engländer so stark, dass die Franzosen sie nicht vom Kontinent vertreiben können.

Die Fehde zwischen beiden Herrscherhäusern geht weiter – noch mehr als 100 Jahre. ◊

LITERATURTIPPS

MARILYN LIVINGSTONE, MORGEN WITZEL
»The Road to Crécy – The English Invasion of France, 1346«
Atmosphärisch dichte Darstellung der englischen Invasion (Pearson Longman).

JOACHIM EHLERS
»Der Hundertjährige Krieg«
Gelungener Überblick (C. H. Beck).

Lesen Sie auch **»Eduard III. von England: Der Kampf des Königs«** (aus GEO*EPOCHE* Nr. 75) auf *www.geo-epoche.de*

IN KÜRZE

1340 lässt sich Eduard III. von England zum französischen König ausrufen und führt sechs Jahre später ein Invasionsheer in das von ihm beanspruchte Reich Philipps VI. Ende August 1346 kommt es bei Crécy zur ersten großen Feldschlacht der Rivalen. Sie zeigt, warum der Jahrhundertkonflikt so lange ohne klaren Sieger bleibt: Die Engländer sind stark genug, um einzelne Waffengänge zu gewinnen – aber nicht, um ganz Frankreich zu erobern.

Ein Kirchenstipendium ermöglicht es dem Sohn einer armen Bauernfamilie, Medizin zu studieren. 1325 macht Guy de Chauliac den höchsten möglichen Abschluss in Montpellier, später wird er Leibarzt des Papstes in Avignon – und beschreibt als einer der ersten Experten die unterschiedlichen Symptome von Beulen- und Lungenpest

IM ANGESICHT DES

TODES

Guy de Chauliac ist Leibarzt des Papstes in Avignon, als auch dort die Pest ausbricht. Das massenhafte Sterben lässt sogar den Hundertjährigen Krieg pausieren TEXT: *Anja Fries*

Dieser Mediziner bietet selbst der Pest die Stirn: Als die Seuche 1348 in Avignon ausbricht, weigert sich Guy de Chauliac, der angesehene Leibarzt des Papstes, die Stadt zu verlassen. Zu fliehen wäre eine „Schande" gewesen, wird er später schreiben. Und so harrt er auch noch in der Residenzstadt des Heiligen Vaters im heutigen Südfrankreich aus, als die Friedhöfe nicht mehr ausreichen, die Leichen aufzunehmen.

Mehr als 20 Millionen Männer, Frauen und Kinder sterben binnen weniger Jahre in ganz Europa an der 1347 aus dem Mongolenreich eingeschleppten Pest. Etwa jeder Dritte fällt dem Schwarzen Tod zum Opfer, auch in England und Frankreich.

Und so ist es nicht die Vernunft der Parteien des Hundertjährigen Krieges, die das brutale Ringen um den französischen Thron pausieren lässt. Es ist eine Epidemie ohne Beispiel, die die englische und französische Seite dazu zwingt, für etliche Jahre ihre größeren Feldzüge auszusetzen. Und die auch Guy de Chauliac als Arzt an seine Grenzen führt.

Nur dank eines Stipendiums der Kirche kann der Spross einer Bauernfamilie aus Südfrankreich Medizin studieren. Er beginnt seine Ausbildung in Toulouse, besucht die berühmten Fakultäten von Bologna, Paris und Montpellier.

Seine Lehrer gehören zu den besten Medizinern des Abendlandes. Aufmerksam sieht er zu, wenn etwa der italienische Anatom Nicola Bertrucci Leichen seziert. Die Beschaffenheit des menschlichen Körpers und die Kunst der Chirurgie fesseln ihn. Im Laufe seines Medizinerlebens wird er unter anderem erfolgreich Schädel- und Unterleibsoperationen durchführen, die eigene Inaugenscheinnahme und Hygiene als oberste Arztregeln propagieren. Seine Zeitgenossen lässt er wissen: „Ein Chirurg, der die Anatomie nicht kennt, ist wie ein Blinder, der ein Stück Holz schnitzt." 1325 erlangt er mit noch nicht 30 Jahren den höchsten möglichen Abschluss für Medizin in Montpellier.

Aber angesichts der verheerenden Auswirkungen der Pest, die im Februar 1348 Avignon erreicht hat, ist auch Guy de Chauliac machtlos. Als Papst Clemens VI. seinen Rat ignoriert, die Stadt zu verlassen, empfiehlt er dem Kirchenoberhaupt, Gesellschaft zu vermeiden, den Palast nicht zu verlassen und sich zwischen zwei Becken mit glühender Kohle aufzuhalten. (Gut möglich, dass er dem Heiligen Vater durch die Kontaktbeschränkung das Leben rettet.)

Er selbst dagegen sucht Patienten auf, studiert die Symptome der Pest. So bemerkt er, dass manche Kranke dunkle, Sekret absondernde „Pusteln und Beulen auf der Haut, besonders unter den Achseln und in der Leistengegend" zeigen und andere unter „Blutspucken" leiden. Damit ist der Arzt einer der Ersten, die beschreiben, dass eine Pesterkrankung in unterschiedlichen Formen auftreten kann: als Beulen- oder als Lungenpest.

Im Herbst 1348, die Seuche wütet bereits in weiten Teilen von Frankreich, gibt König Philipp VI. bei der medizinischen Fakultät der Universität von Paris ein Gutachten in Auftrag, um die Ursache des Sterbens zu ergründen. Doch das Ergebnis der Studie bleibt weit hinter den Erkenntnissen von Guy de Chauliac zurück. Es ist, als hätten die Pariser Ärzte nie einen Pestkranken gesehen.

Zu dieser Zeit hat Philipps Widersacher, König Eduard III. von England, bereits einen schweren Verlust erlitten. Seine 14-jährige Tochter Johanna ist dem Schwarzen Tod auf der Reise zu ihrer Vermählung erlegen.

Weil Amtsträger sterben oder vor der Seuche aus den Städten fliehen, bricht in einigen Regionen zeitweise die Verwaltung zusammen. Die Steuereinnahmen sinken. Als die Epidemie nach 1350 abklingt, fehlen Frankreichs neuem König Johann II. daher zunächst die Mittel, um gegen Eduard III. zu rüsten. Sein Gegner wiederum hat Mühe, genügend Bogentruppen aufzustellen – zu viele potenzielle Nachwuchsschützen sind der Pest zum Opfer gefallen. Mitte der 1350er Jahre nimmt der englische König die Kämpfe jedoch wieder auf.

Zwar wird der Schwarze Tod immer wieder Europa heimsuchen, allein im 14. Jahrhundert noch etliche Male. Aber wohl nie mehr wird die Pest den Hundertjährigen Krieg so lange aufhalten wie um 1350.

In Avignon erkrankt Guy de Chauliac am Ende selbst an der Seuche. Doch er überlebt. 1363 – fünf Jahre vor seinem Tod – schließt er sein Hauptwerk ab, die „Chirurgia magna". Das Kompendium all seiner Erkenntnisse wird noch Jahrhunderte später zu den Klassikern der Chirurgie zählen. ◊

DER KAMPF

DER DREISSIG

Im März 1351 treffen sich ein paar Dutzend Männer auf einer bretonischen Wiese zu einem verabredeten Gefecht. Ihr blutiges Kräftemessen bleibt für den Ausgang des Hundertjährigen Krieges völlig unbedeutend. Doch es geht ein in die Annalen als leuchtendes Beispiel der Ritterlichkeit – jenes Ideals, das im 14. Jahrhundert mehr gefeiert wird denn je

AUF EIN SIGNAL HIN stürmen die Kämpfer, 30 pro Partei, aufeinander zu: für einen fairen Waffengang unter ebenbürtigen Gegnern. Der Grund des Gefechts ist ein bretonischer Erbfolgestreit, der sich zu einem Nebenschauplatz des Hundertjährigen Krieges ausgeweitet hat

TEXT: *Katharina von Ruschkowski*
ILLUSTRATIONEN: *Timo Zett exklusiv für* GEO*EPOCHE*

Der Chronist ist entzückt. Jean le Bel überschlägt sich fast mit seinen Worten, verspricht, von einem „überaus prachtvollen Waffengang" zu erzählen, von einem Duell, „das niemals in Vergessenheit geraten solle". Und dann legt der Adelige aus Lüttich voller Ehrfurcht und Bewunderung dar, was sich am 27. März 1351 zugetragen haben soll. An diesem Tag, einem Mittwoch, treffen auf einer Wiese in der Bretagne zwei Gruppen von Kämpfern aufeinander: 30 Franzosen gegen ebenso viele Engländer, Deutsche und angeheuerte Bretonen. Die Kombattanten sind von Kopf bis Fuß gewappnet, tragen schartige Panzer, Kettenhemden, blitzende Schwerter, Dolche, Äxte und Lanzen.

Sie sind gekommen, um ein Duell auszufechten in unruhiger Zeit: Seit mehr als einem Jahrzehnt schwelt im äußersten Westen Frankreichs ein Streit um das bretonische Herzogtum. Begonnen als Kleinkrieg lokaler Adelsfamilien, hat sich der Konflikt ausgeweitet – vor allem seit sich um 1341 der französische und der englische König, in einem Machtkampf verknäuelt, der einmal der „Hundertjährige Krieg" heißen wird, auf jeweils eine Seite geschlagen haben.

Die Soldateska beider Lager ziehen seitdem durch die Bretagne. Sie vermeiden zwar den offenen Kampf, überfallen aber Ortschaften, plündern Gehöfte – ein elender Zermürbungskrieg.

Nun aber, an jenem Märztag 1351, begegnen sich Kämpfer beider Lager zu einem verabredeten Messen auf Augenhöhe. Die Franzosen werden von Jean de Beaumanoir angeführt, „einem tapferen Ritter aus einer großen bretonischen Familie", wie Jean le Bel schreibt. Beaumanoir hat 29, vielleicht auch 30 zumeist adelige Kämpfer aus der Region um sich geschart: erfahrene Reiterkrieger wie der Herr von Tinténiac, aber auch talentierte Edelknappen, Ritter in Ausbildung, wie Guillaume de Montauban.

Den gegnerischen Trupp kommandiert Robert Brandebourch: ein wohl deutscher Söldner in englischen Diensten, der knapp drei Dutzend weitere Kriegsknechte angeworben hat. Seine Gefolgsleute wie der gefürchtete deutsche Schwertkämpfer Croquart dienen für reichlich Sold und gute Beute – nicht für die Ehre. Eigentlich ein Affront für die Franzosen, die als ritterliche Vasallen ihres Herzogs streiten. Aber entscheidend, so liest man bei le Bel, ist die Ebenbürtigkeit in Kraft und Rüstung: Voraussetzung für ein ritterliches Duell.

Über dem Kampfplatz liegt weitgehend Stille. Einzig das Schnauben der von den Kämpen zurückgelassenen Pferde dringt aus dem Hintergrund, dazu das Husten und Tuscheln vielleicht einiger Dutzend Frauen und Knechte, die sich den Truppen aus Neugier angeschlossen haben.

Die Duellanten aber schweigen. Alles ist vorab von ihren Anführern besprochen und geregelt worden. Ziel ist:

EIN PAAR TAGE vor dem Gefecht reitet der Anführer der französischen Partei, Jean de Beaumanoir, zur Festung, die der in englischen Diensten stehende deutsche Söldner Robert Brandebourch besetzt hat. Die beiden vereinbaren ein ritterliches Duell: gleiche Truppenstärke, gleiche Waffen – und niemand flieht, bis der Kampf entschieden ist

Das ritterliche IDEAL prägt Europas ADEL

ein fairer Schlagabtausch. Keiner nimmt die Hilfe Unbeteiligter an oder rennt davon, ehe ein Lager niedergerungen ist. Schändlich und ehrlos wäre das!

Dann ertönt der Ruf zum Kampf, und die Männer stürmen aufeinander zu.

Das Gefecht, das nun beginnt, wird den bretonischen Erbfolgestreit nicht klären. Für den Fort- und Ausgang des Hundertjährigen Krieges ist es gar vollkommen unbedeutend. Und dennoch geht es als „Kampf der Dreißig“ in die Annalen ein, wird bald in ganz Europa gepriesen und besungen – als glorreiches Sinnbild eines Heldenideals, das im 14. Jahrhundert wohl mehr gefeiert wird als zu jeder anderen Zeit: das des Ritters.

So schwelgt le Bel, die Kombattanten hätten sich als würdige Nachfahren Rolands erwiesen, jenes sagenumwobenen Ritters, der der Legende nach derart tapfer und gottgefällig kämpfte und starb, dass er sogleich in den Himmel aufgenommen wurde.

Dabei ist gar nicht sicher, ob die Duellanten im Kampf der Dreißig so edel handelten wie vom Chronisten gerühmt. Andere Überlieferungen jedenfalls lassen Zweifel aufkommen. Beinahe zeitgleich etwa beschreibt ein namenloser bretonischer Dichter das verabredete Gefecht als Aufbegehren seiner Landsleute gegen die englischen Eindringlinge – und nicht als ritterliches Duell. Übertreibt Jean le Bel, selbst Rittersohn, als er wohl Mitte der 1350er Jahre zur Feder greift, um mit seinen Schilderungen den Ruf seines Standes aufzupolieren? Verständlich wäre es.

Denn so groß die Ritterverehrung auch sein mag, im Ringen zwischen Frankreich und England zeigen die Kämpen oftmals ein Gesicht, das so gar nicht passen mag zu ihrem Nimbus – ganz besonders hier in der Bretagne, wo sich das Chaos des Hundertjährigen Krieges mit einem erbitterten lokalen Erbfolgestreit vermengt.

Zehn Jahre bevor es zum Kampf der Dreißig kommt, stirbt der bretonische Herzog ohne direkten Nachfolger. Entschlossen greift daraufhin sein Halbbruder, Johann von Montfort, nach der Macht, besetzt wichtige bretonische Städte. Frankreichs König Philipp VI. jedoch bevorzugt einen Konkurrenten: Karl von Blois, seinen Neffen.

Gerüchte schwirren umher: Johann von Montfort führe geheime Unterredungen mit Eduard III., dem König Englands – und größten Widersacher Philipps. Eduard will seiner Dynastie große Gebiete in Frankreich erhalten, die den englischen Herrschern seit Langem vom französischen König als Lehen verliehen werden. Im Konflikt über diese Territorien ist 1337 der Hundertjährige Krieg ausgebrochen. Zudem stellt Eduard III. Philipps Macht infrage und bezeichnet sich selbst als König von Frankreich.

NACHDEM DIE MÄNNER eine Weile mit Schwertern und Äxten aufeinander eingeschlagen haben, verständigen sie sich auf eine Pause, um die Verletzten zu pflegen und neue Kraft zu schöpfen. Dutzende Frauen und Knechte warten gespannt auf die Fortsetzung des Duells

Philipp muss handeln: Sein oberster Gerichtshof spricht Karl von Blois die Bretagne zu. Kurz darauf entsendet der französische König eine Armee, die einige bretonische Städte von Johann von Montfort zurückerobert und diesen in Paris festsetzt. Eduard III. lässt daraufhin ebenfalls Truppen zusammenziehen – die Bretagne wird zu einem der ersten Schauplätze des großen Konflikts.

Im Oktober 1342 landet Englands König höchstselbst mit 5000 Mann im Norden Frankreichs. Doch es kommt zu keiner Schlacht. Stattdessen wird eine Waffenruhe ausgehandelt – und Eduard kehrt nach England zurück.

Die Bretagne aber bleibt tief gespalten: Während Karl von Blois und seine französischen Gefolgsleute den Norden und Osten beherrschen, hat das von England unterstützte Montfort-Lager den Süden und Westen unter sich.

Als Statthalter dienen den Engländern meist Söldner – kampf- und abenteuerlustige Männer vom Schlage eines Robert Brandebourch, die ihre Loyalität und Kraft oft in Jahresverträgen den Meistbietenden vermieten; „Männer von geringem Wert, die keinen Moment länger dienen, als sie ihre zwölf Pence täglich oder 40 Mark jährlich erhalten", schimpft ein französischer Zeitgenosse.

Einer wie Brandebourch heuert Mannschaften europäischer Kriegsknechte an. Solche Soldtruppen, günstig und flexibel einsetzbar, werden im Hundertjährigen Krieg zur großen Konkurrenz der ritterlichen Lehnsaufgebote.

Und zur Geißel der kleinen Leute. Denn die Männer, von Zeit zu Zeit außer Sold, überfallen allzu oft Gemeinden in der Nähe ihrer Stützpunkte, nehmen die Bewohner gefangen, pressen ihnen Getreide, Käse oder gleich die Kühe ab. Diese Kämpfer richteten großes Unheil an, notiert ein bretonischer Dichter.

Doch über ihre Ritter fällen seine Landsleute derweil kaum ein besseres Urteil. Denn die Panzerreiter lassen die Menschen im Stich. Oder werden gar zu ihren Feinden: Um sinkende Getreidepreise und steigende Kriegskosten auszugleichen, fordert manch ritterlicher Grundherr weit höhere Abgaben als zuvor. Etliche Ehrenmänner sind trotzdem längst bankrott – und ziehen bald selbst in Söldnerbanden herum.

Noch schlimmer wiegt für viele Franzosen, dass ihre einst stolzen Ritter auch die Schlachtfelder immer öfter als Verlierer verlassen. Vor allem die verheerende Niederlage von Crécy erschüttert sie. Am Abend des 26. August 1346 werden ihre Reiterkrieger von den gut positionierten und diszipliniert vorgehenden englischen Bogenschützen regelrecht niedergemäht (siehe Seite 40).

Was für eine Demütigung für Frankreich, wo man den Ritterstand verherrlicht wie kaum irgendwo sonst. Schon im 11. Jahrhundert haben hier Adelige den gepanzerten Reiterkrieger, der im Namen Gottes für das Gute kämpft, zu ihrem Vorbild gemacht und damit ritterliche und adelige Werte aufs Engste verknüpft: Nur wer Kämpfer und Ehrenmann in sich vereint, ist ein vollkommener Vertreter seines Standes. Von Frankreich aus hat sich dieses Ideal über den ganzen Kontinent verbreitet – und den Adel geprägt.

So lässt um 1350 beinahe jeder europäische Fürst seine Söhne im Umgang mit Schwert, Schild und Lanze schulen, im Reiten und in der Jagd. Die Mächtigen führen zudem ritterliche, „höfliche" Umgangsformen ein, etwa die respektvolle Verbeugung vor dem Ranghöheren oder den galanten Umgang mit Hofdamen. In ausufernden Banketten feiern sie die Tugend der Großzügigkeit. Und bei prunkvollen Turnieren präsentieren sich die Herr-

NACH WIEDERAUFNAHME des Kampfes jagt schließlich ein französischer Knappe sein Pferd in die Reihen der Gegner, entscheidet so das Gefecht. Ob die Tat gegen die vereinbarten Regeln verstößt, lassen die Chronisten offen – und betonen stattdessen den Edelmut beider Seiten

Der Krieg SCHADET dem Ansehen DER RITTER

scher selbst gern als tapfere und, natürlich, siegreiche Ritter.

1349 nutzt Englands König Eduard eines dieser Turniere, um eine neue Gemeinschaft von Rittern zu gründen: den Hosenbandorden. In diesem Kreis versammelt er zwei Dutzend auserwählte Recken, die sich in der Schlacht von Crécy durch besondere Tapferkeit ausgezeichnet haben. 1352 wird Frankreichs König seinerseits den Sternenorden stiften, dessen Mitglieder geloben, niemals vom Schlachtfeld zu fliehen.

Mit den Orden machen die Herrscher Politik. Durch die Aufnahme in ihre elitären Zirkel binden sie ihre Adeligen an sich und verschaffen sich zugleich Sanktionsmöglichkeiten: Mitglieder, die etwa nicht tapfer genug gekämpft haben, werden ausgeschlossen und verlieren somit weithin an Ansehen.

In ganz Europa gieren die Männer in dieser Zeit nach Geschichten, die das hehre Ritterideal mit Leben füllen. Erzählt man sich etwa von den Taten des böhmischen Königs Johann von Luxemburg, einem engen Vertrauten des französischen Königs. Seit Jahren erblindet, lässt er sich in der Schlacht von Crécy, so die Überlieferung, auf sein Pferd setzen, um gegen den Feind zu reiten und standhaft bis zum Schluss zu kämpfen.

Im Frühjahr des Jahres 1351 erhalten die Sänger und Dichter, die solche Geschichten verkünden, neuen Stoff, der wie geschaffen scheint für die Feier des Rittertums: den Kampf der Dreißig.

Die Burgen der beiden Anführer der Duellanten erheben sich nur gut zehn Kilometer voneinander entfernt im Herzen der Bretagne, dort, wo die Front zwischen englischer und französischer Fraktion verläuft.

Le Bel berichtet, dass am 23. März 1351 Jean de Beaumanoir vor den Toren der Bastion erscheint, die Robert Brandebourch mit ein paar Söldnern besetzt hat. Er fordere ihn und zwei, drei seiner Begleiter zum Lanzenstechen auf, „für die Damen". Sie zu unterhalten, ist schließlich ebenfalls eine Ritterpflicht. Brandebourch kontert, dass ein Duell mit 20, 30 ausgewählten Kämpfern den Frauen doch weit besser gefallen werde.

Beim namenlosen bretonischen Dichter nimmt das Duell einen anderen Anfang. Beaumanoir beschimpft und schmäht Brandebourch und seine marodierenden Männer, fordert sie heraus.

Ungewiss auch, ob Brandebourch das Gruppenduell tatsächlich vorzieht, weil es ehrversprechender ist. Vermutlich ist der Söldner vielmehr auf fette Beute aus. Denn Ziel eines Duells unter Rittern ist nicht zwingend der Tod des Gegners, sondern dessen Überwältigung. Niedergerungene und gefangen genommene Kämpfer werden gegen Geld ausgelöst. Und Brandebourch mag sich ausrechnen: Je mehr mögliche Gefangennahmen, desto höher das Lösegeld.

Beaumanoir stimmt dem Vorschlag Brandebourchs zu. Sie verabreden sich für den kommenden Mittwoch an der großen Eiche, auf einer Grasebene exakt auf halbem Wege zwischen ihren Stützpunkten. Als Brandebourch und seine Männer dort am Kampftag ankommen, mahnt der Anführer laut le Bel alle Mitgereisten, sich unter keinen Umständen in das Duell einzumischen. Einer wie Croquart braucht wohl ohnehin keine Unterstützung: Der in den deutschen Landen geborene Kämpfer ist gefürchtet für seinen Ehrgeiz und seine Kraft.

Etwas später erscheinen auch die Franzosen: Beaumanoir, Tinténiac, der Edelknappe Montauban. Wer hoch zu Ross herbeigeritten ist, sitzt ab. Wenige Meter voneinander entfernt nehmen die Kämpfer Aufstellung. Das Startsignal ertönt – zu jenem von le Bel gerühmten „höchst prachtvollen Kampf".

Schwerter klirren, dumpfe Axthiebe, dann verkeilen sich die Krieger in einem gewaltigen Handgemenge. Doch: „Edel hilft einer dem nächsten, wenn dieser hilflos auf dem Rücken liegt", schwelgt le Bel. Erste Tote, ein Franzose und zwei Engländer, liegen auf dem zertretenen Grasboden. „Aber keiner der übrigen denkt daran aufzugeben."

Allein: Die vielen Stunden in der schweren Panzerung, unter Helmen, die teils nur winzige Sichtschlitze lassen, forderten ihren Tribut. Denkbar, dass Krieger zu taumeln beginnen – und sich die Anführer auf eine Pause verständigen, von der in allen Überlieferungen die Rede ist.

Anjou-Wein wird herumgereicht, Krieger waschen ihre Wunden, reparieren zerborstene Waffen. Kaum, dass sich der Erste erhebt, geht es weiter. Als Brandebourch Beaumanoir verspottet und in seiner Ehre kränkt, springen dem zwei Männer zur Seite und erstechen den Söldnerführer mit scharfen Lanzen.

Croquart übernimmt nun die Führung der englischen Seite, lässt in langer Reihe kämpfen. Wieder und wieder prallen die Franzosen an dieser Mauer aus Männern ab. Bei einem Angriffsversuch wird gar ihr oberster Ritter Beaumanoir verletzt.

Von all den Gräueln, auch von den Rückschlägen für die französischen Ritter ist allerdings nur beim namenlosen

Bretonen zu lesen, nicht bei le Bel. Der schildert allein den Angriff, der die Entscheidung bringt.

Denn urplötzlich besteigt Guillaume de Montauban sein Pferd – und führt vor, wofür Reiterkrieger berühmt sind: gewagte Soloritte. Montauban jagt sein Ross in die Phalanx der Engländer; etliche englische Krieger werden grausam zertrampelt, die übrigen bald von den Franzosen überwältigt.

Es wirkt wie ein ungeheurer Bruch mit dem ritterlichen Kodex, der doch das faire Niederringen des Gegners verlangt! Le Bel aber bewertet die Geschehnisse diesmal nicht – womöglich, weil sie seiner Botschaft widersprächen, wonach im Kampf der Dreißig allein ehrenvolle, tapfere Krieger gegeneinander antreten. Und so lobt er ausdrücklich auch die Verlierer, die in aussichtsloser Lage nicht geflohen seien.

Die siegreichen Franzosen nehmen die überlebenden Engländer gefangen und führen sie „mit großer Freude" ab, schreibt der Chronist. Doch mehr noch als der Triumph imponiert ihm die Art und Weise, auf die er erlangt wurde: tapfer, mutig, heldenhaft. „Jedem, der diesen Kampf überlebt hat, gebührt darum Ehre, wohin er auch geht", lautet le Bels Schlusswort.

So endet nach langem Kampf das Ritterduell unter der bretonischen Eiche. Mindestens sechs Krieger haben auf dem Schlachtfeld ihr Leben gelassen; weitere erliegen später ihren Verletzungen. Die gefangen genommenen Engländer werden bald gegen Lösegeld freigelassen.

Zunächst nimmt kaum jemand Notiz von dem Duell. Es ist viel zu klein und bleibt politisch folgenlos: In der Bretagne schleppt sich der Konflikt zwischen den Lagern von Karl von Blois und dem längst verstorbenen Johann von Montfort weiter dahin, bis 1364 auch Karl stirbt und sich Johanns Erben vorerst durchsetzen können.

Der Kampf der Dreißig wäre da wohl schon lange in Vergessenheit geraten – hätte Jean le Bel nicht inzwischen davon geschwärmt. Seine Heldengeschichte wird vor allem in Frankreich weitererzählt, fortgeschrieben, ausgeschmückt – weil sie die Ideale der Reiterkrieger so eingängig beschwört und begreifbar macht. Je weiter der Kampf zurückliegt, desto größer die Verehrung. Der Chronist Jean Froissart preist das Duell um 1400 als ritterlichsten Kampf des Jahrhunderts, der Schotte Androw Wyntoun stilisiert es 1420 zum Lehrstück für alle Krieger. Maler illustrieren die Ereignisse im 15. Jahrhundert als Ritterspektakel – das es zu der Zeit auf den Schlachtfeldern kaum noch gibt.

Denn auch in den großen Schlachten von Poitiers oder Azincourt offenbart sich, dass die gepanzerten Edelmänner kaum mehr gegen die Bogenschützen, gegen bewegliche, gut organisierte Fußtruppen bestehen können. Immer mehr Ritter überlassen wohl auch darum den Kampf ganz den angeheuerten Söldnern, darunter verarmten Standesgenossen, die für Geld ins Feld ziehen.

Der Hundertjährige Krieg verändert das Bild der Ritter. Als tollkühne Krieger, die über viele Generationen die Geschicke auf den Schlachtfeldern prägten, haben sie weitgehend ausgedient.

Den Fürsten aber dient das Ideal des Ritters, das in den Erzählungen der Dichter weiterlebt, mehr denn je als Leitbild für ihre adeligen Untertanen: seine Tugendhaftigkeit, seine Werte, sein Glanz. So überlebt die ritterliche Kultur die militärische Macht der Reiterkrieger.

Dazu tragen Chronisten maßgeblich bei, die mit Worten die Ritterlichkeit beschwören – wie Jean le Bel. Der Lütticher stirbt hochbetagt im Februar 1370 in seiner Heimatstadt. Sein Werk aber überdauert die Jahrhunderte. ◊

LITERATURTIPPS

STEVEN MUHLBERGER
»The Combat of the Thirty«
Erhellende Schilderung des Duells, dazu die Texte der mittelalterlichen Originalquellen (University of Exeter Press).

JOACHIM EHLERS
»Die Ritter«
Fundierte Einführung in Geschichte und Kultur des Rittertums (C. H. Beck).

Lesen Sie auch **»Turnierkampf: Um Ruhm. Um Ehre. Und um Geld«** – über das ritualisierte Kräftemessen der Ritter (aus GEO*EPOCHE* Nr. 94) auf *www.geo-epoche.de*

IN KÜRZE

Im März 1351 kommt es in der Bretagne zu einem der denkwürdigsten Gefechte des Hundertjährigen Krieges: In einem verabredeten Kampf messen sich rund 60 Männer nach festgelegten Regeln bis zum Tod. Mittelalterliche Chronisten feiern das Duell bald als Sinnbild für edle Ritterlichkeit und befeuern damit die Verklärung der adeligen Krieger, die militärisch längst an Bedeutung verlieren.

GOTTESFÜRCHTIG zeigt sein Grabbildnis den »Schwarzen Prinzen« Eduard von Woodstock. Dabei hat der englische Thronfolger tausendfachen Tod zu verantworten

ANFANG November 1355 stehen die Engländer vor Carcassonne in Frankreichs Südwesten. Die Bürger retten sich in die Festung (unten), ihre Stadt wird niedergebrannt

Mit apokalyptischen Verwüstungszügen zu Pferde terrorisieren die Engländer im Hundertjährigen Krieg die Untertanen des französischen Königs. Doch niemand wendet die Taktik der verbrannten Erde so konsequent an wie Kronprinz Eduard von Woodstock, einer der gefürchtetsten Heerführer der Epoche

DER SCHWARZE PRINZ

TEXT: *Oliver Fischer*

RUINEN ERHEBEN sich über diesem Fluss im Herzen Frankreichs. Das Kalkül der Engländer: den Feind durch Plünderung des Hinterlands demoralisieren

Niemand zählt die Tränen an diesem Herbsttag, niemand die Toten, die Vergewaltigten, die Verstümmelten. Keiner kann sagen, wie viele Häuser eingeäschert, wie viele Felder und Weiden verwüstet wurden. Sicher ist nur, dass an diesem Tag ein nie gekannter Schrecken über den hügeligen Landstrich südöstlich von Toulouse hereingebrochen ist – ein Grauen, über das viele der Überlebenden vermutlich nie hinwegkommen werden.

Ende Oktober 1355: Riesige Rauchwolken künden am Morgen die Katastrophe an. Alarmiert steigen Bauern in den Dörfern der Umgebung auf die Kirchtürme – und erblicken eine apokalyptische Szenerie: eine gewaltige Front aus Tausenden Reitern und Bogenschützen, die schnell über die Hänge näher rückt. Es sind Truppen des englischen Königs, verteilt auf drei Flügel über eine Breite von insgesamt rund 40 Kilometern.

Wie eine vernichtende Welle gehen die Angreifer kurz darauf über die Dörfer nieder. Preschen in Trupps von 30 Mann über die staubigen Straßen, schleudern brennende Fackeln in die Bauernhütten. Die Landleute, die nicht schon geflohen sind, hasten spätestens jetzt aus ihren Unterkünften. Und müssen fassungslos mitansehen, wie ihr gesamter Besitz im Feuer vergeht: der Schafsfellmantel für den Winter, die Strohsäcke, die sie als Betten nutzen, die Holzkisten mit der wenigen Wäsche.

BAUERN DRESCHEN Getreide. Frankreichs Wohlstand beruht maßgeblich auf der Arbeit seiner Landbevölkerung. Wer sie angreift, attackiert das Herz des Königreichs

DIE BAUERN TRAGEN DIE HAUPTLAST DES KRIEGES

EDUARDS SOLDATEN KENNEN KEINE GNADE

EIN WASSERFALL ergießt sich in den Lac d'Oô inmitten der Pyrenäen. Selbst entlegenste Regionen sind 1355 nicht sicher vor den Reitern des Schwarzen Prinzen

Die Soldaten plündern Scheunen und Ställe. Laden Weinfässer auf ihre Pferde, zerren Schweine und Schafe fort – Proviant für ihre nächste Etappe. Güter, die sie nicht benötigen, stecken sie in Brand; überzähliges Vieh metzeln sie nieder. Dazu setzen sie die mehr als ein Dutzend Windmühlen der Gegend in Flammen. Wie Mahnmale ragen ihre brennenden Flügel über der Landschaft auf – bis auch sie zu Asche werden.

Für die Bauern kommt dieser Angriff völlig überraschend. Trotz des seit fast 20 Jahren andauernden Krieges zwischen englischer und französischer Krone hatten sie sich hier sicher gefühlt. Denn zwei reißende Flüsse, die Garonne und die Ariège, trennen ihre Heimat von der weiter westlich gelegenen Gascogne, die dem englischen Monarchen gehört – seit Menschengedenken hat keine Armee mit Reiterei diese Ströme überquert.

Aber nun: Chaos, Schreie und das unaufhörliche Prasseln der Flammen. Die Bauern versuchen, in Wälder oder alte Steinbrüche zu fliehen. Doch die Soldaten versperren ihnen den Weg, greifen sich Männer, bei denen sie Geld oder andere Wertsachen vermuten. Wer ihnen nichts aushändigen kann (oder will), dem schneiden sie die Ohren ab oder durchtrennen ihm die Kehle.

Wohl an die fünf Stunden wüten die englischen Soldaten, dann ziehen sie weiter Richtung Osten – um am nächsten Tag andere Dörfer zu brandschatzen. Denn in diesem Feldzug sind derlei Verwüstungen keine Begleiterscheinungen – sie sind sein eigentliches Ziel.

Befehligt wird die Zerstörungsorgie von einem muskulösen jungen Mann mit Schnurrbart, der inmitten seiner Armee reitet: Prinz Eduard von Woodstock, der älteste Sohn des englischen Königs, der einmal den Thron erben soll. Wohl wegen seiner tiefdunklen Rüstung wird man ihn später den „Schwarzen Prinzen" nennen.

EIN LANDMANN sitzt auf einem Schwein, dem er mit einem Messer die Adern am Hals durchtrennt. Das Blut wird aufgefangen. Zu kostbar ist es, um es zu verschwenden

In diesen Jahren aber erweist sich Eduard vor allem als eines: als Großmeister der *chevauchées*, wie seine Zeitgenossen die verheerenden Angriffe auf wehrlose Zivilisten nennen (von *chevaucher*, französisch für reiten). Wie wohl kein anderer Heerführer des Hundertjährigen Krieges setzt der englische Prinz Terror als Waffe ein.

Durch die Attacken tief in das Gebiet des französischen Königs hinein will er den Einwohnern zeigen, dass ihr Herrscher unfähig ist, sie zu schützen. Denn der Monarch, der wie alle europäischen Regenten der Zeit über kein stehendes Heer verfügt, ist nicht in der Lage, in kürzester Zeit eine Armee aufzustellen, auszurüsten und in den Süden seines Reichs zu schicken.

Und indem der Schwarze Prinz Mühlen, Felder und Ställe in Brand setzt, zerstört er auch die Grundlagen der französischen Wirtschaft und schmälert die Steuereinnahmen des Monarchen in Paris.

Durch seine Chevauchées stärkt Eduard Englands Stellung – und bringt zugleich eine neue Dimension von Grausamkeit in die Welt. Dass der Hundertjährige Krieg brutaler und blutiger verläuft als jeder vorangegangene Konflikt des Mittelalters, ist ganz wesentlich sein Werk.

E

Eduard von Woodstock entstammt einer völlig anderen Sphäre als seine Opfer. Er wächst in Palästen auf, umgeben von Dienern, trägt kostbare Kleidung aus Pelz und Seide. Und doch steht auch sein Leben ganz im Zeichen des Krieges gegen Frankreich.

Er ist sieben, als der Jahrhundertkonflikt 1337 beginnt – und sein Vater, König Eduard III., lässt ihn von

EIN MANN mit zerschlissenen Hosen fährt eine alte Bauersfrau in der Schubkarre. Die Attacken der Engländer treffen die ohnehin verarmte Landbevölkerung schwer

MÄCHTIGE Portale zieren die Kathedrale von Bordeaux. 1355 überwintert Eduard mit seinen Truppen in der Stadt – um im folgenden Jahr erneut loszuschlagen

ENGLANDS BOTSCHAFT: DER KÖNIG KANN EUCH NICHT SCHÜTZEN

Anfang an das politische Ringen der beiden Mächte miterleben: Vor den Toren Londons empfängt das Kind zwei Kardinäle, die zu Friedensverhandlungen aus Frankreich herbeigeeilt sind (tatsächlich wird es ihnen gelingen, die Feindseligkeiten für einige Monate aufzuschieben).

Bücher und höhere Bildung interessieren den jungen Prinzen nicht. Seine Lehrer können ihm gerade so viel Latein und Mathematik beibringen, wie er braucht, um später die Regierungsgeschäfte zu führen. Denn was ihn mehr als alles andere begeistert, ist die Kampfeskunst: Schon früh reitet er bei Turnieren, besitzt bereits im Alter von acht Jahren eine vollständige Rüstung mit Harnisch, Armschienen und Visier.

Im Sommer 1346 kommt der Moment, auf den Eduard vermutlich lange gewartet hat: Der 16-Jährige bricht mit seinem Vater zu seinem ersten großen Feldzug auf. Mit einer Armee von 10 000 Mann landet er in der Normandie (siehe Seite 40). Und wird noch am selben Tag von seinem Vater auf einem Hügel zum Ritter geschlagen.

Doch der Feldzug, der nun beginnt, folgt nicht den ritterlichen Tugenden von Tapferkeit und edlen Taten (diese Ideale gelten nur im Umgang der Ritter untereinander). Denn König Eduard III. beginnt seine Offensive mit einer Chevauchée. Schon seit mehr als einem Jahrhundert haben Englands Herrscher diese Terrorattacken gelegentlich gegen Zivilisten im Feindesland eingesetzt. Eduard III. macht sie im Hundertjährigen Krieg zu einer der meistgenutzten Kampfarten der Engländer.

Schon kurz nach der Landung lässt er seine Truppen entlang der Küste brandschatzen und plündern. Sein Sohn, der Kronprinz, schaut aufmerksam zu. Lernt, wie schnell eine Handvoll Männer mit Fackeln ganze Dörfer abbrennen können. Und welch breite Schneisen der Zerstörung sich durch die Landschaft ziehen lassen, wenn die Armee in mehreren kilometerweit auseinandergezogenen Flügeln vorrückt. Hier, in diesen ersten Tagen in der Normandie, studiert er die Kunst des Terrors.

Und neun Jahre später, als er erstmals selbst eine Chevauchée anführt, setzt er diese Kenntnisse mit grausamer Effizienz um.

Anfang November 1355: Seit vier Wochen ist Prinz Eduard schon auf seinem Feldzug, der ihn von Bordeaux fast 400 Kilometer bis hinunter zum Mittelmeer führen soll. Die Dörfer bei Toulouse hat er ausgelöscht, Mühlen und Scheunen verbrannt, vielen Hundert Menschen Besitz und oft auch das Leben genommen. Nun bewegt er sich mit seinen Truppen weiter in Richtung Südosten.

Der 25-Jährige hat sich mittlerweile den Ruf eines harten und arroganten, zugleich aber sehr begabten Militärführers erworben. Er lässt seine Truppen weiter Bauernsiedlungen anzünden, aber auch größere Orte, zerstört einmal vier Städte an einem Tag – verschont dabei selbst Kirchen und Hospitäler nicht. „Kein Tag vergeht, ohne dass wir eine Stadt, eine Burg oder Festung einnehmen“, schreibt er, offensichtlich stolz, in einem Brief.

Am 3. November erreichen die Truppen Carcassonne, einen der wohlhabendsten Orte im Südwesten Frankreichs. Die Engländer sind beeindruckt: „Größer als London“ und „schöner als York“ erscheint ihnen diese Stadt, so berichten Chronisten. Doch ist sie menschenleer.

Die Einwohner haben sich in einer riesigen Schutzburg am gegenüberliegenden Flussufer in Sicherheit gebracht, harren hinter den dicken Mauern mit ihren 52 Türmen aus. Dem Prinzen bieten sie 25 000 Gold-Écus, wenn er ihre Stadt verschont – das sind mehr als 100 Kilogramm an reinem Gold.

Aber Eduard lehnt ab. Der Schaden für Frankreichs König ist um ein Vielfaches höher, wenn der Schwarze Prinz diese Metropole an der alten Handelsstraße zwi-

LANDLEUTE bei der Ernte. Viele, die der Krieg bisher verschont hat, fühlen sich sicher. Doch gerade Angriffe auf sie gehören zur Taktik des Prinzen

ZUR EICHELMAST hat ein Bauernpaar Schweine in den Wald geführt. Nach den Überfällen der englischen Truppen bleibt den Menschen oft nur das, was sie am Leib tragen

schen Mittelmeer und Atlantik zerstört. Und so geht auch das prächtige Carcassonne in Flammen auf.

In den folgenden Tagen gelangt Eduard zur Hafenstadt Narbonne, zehn Kilometer vom Meer entfernt. Zum ersten Mal seit Beginn der Chevauchée fünf Wochen zuvor stößt er auf größeren Widerstand: Von einer Burg, die auch hier neben der Stadt aufragt, feuern Soldaten Steinkugeln und lodernde Pfeile auf Eduards Truppen. Allerdings setzen die Verteidiger bei dem Beschuss versehentlich ihren Heimatort in Brand, sodass Narbonne zu Asche wird – und der Prinz auch hier sein Ziel erreicht.

Inzwischen ist es Mitte November. Eduard beschließt, mit seinen Truppen in die Gascogne zurückzukehren, das englische Territorium am Atlantik. Mit 1000 Karren voller Beute zieht er dort ein, darunter geraubte Teppiche, Wandbehänge und Juwelen. Er dürfte hochzufrieden mit seinem Feldzug sein. Über 500 Dörfer, Burgen und Städte hat Eduard geplündert und zerstört. 18 000 Quadratkilometer Land sind fast völlig verwüstet.

„Seit der Krieg gegen den französischen König begonnen hat, gab es noch nie solch eine Zerstörung wie auf diesem Feldzug", schreibt einer seiner engsten Berater – und rechnet, wohl im Auftrag des Prinzen, den dadurch entstandenen finanziellen Schaden möglichst genau aus: Die Einnahmen aus den zerstörten Städten und Feldern haben dem Monarchen in Paris demnach rund die Hälfte seiner Kriegskosten eingebracht – das belegen angeblich Steuerlisten, die die Engländer beschlagnahmt haben.

Auch wenn diese Rechnung wahrscheinlich fehlerhaft ist: Frankreich ist massiv geschwächt. Die Strategie des Schwarzen Prinzen und seines Vaters geht auf.

Den Winter und das Frühjahr verbringt Eduard größtenteils in der Gascogne. Im Sommer startet er nach dem großen Erfolg im vergangenen Jahr eine neue Chevauchée. Wieder wird der Prinz tief in französisches Territorium vorstoßen, diesmal in nordöstliche Richtung, von Bordeaux an die Loire. Und wieder wird der Krieg vor allem eine Gruppe treffen: die Bauern.

Denn das Herz der französischen Wirtschaft schlägt auf dem Lande. In den gut 40 000 Dörfern zwischen Ärmelkanal und Pyrenäen wird der überwältigende Teil aller Waren produziert, die in Frankreich gekauft und getauscht werden. Die Wolle für die Kleidung stammt von den Schafen der Bauern, Milch und Käse von ihren Kühen, Bau- und Brennholz werden von den Landleuten in den Wäldern geschlagen. Wer – wie der Schwarze Prinz – die Bauern massiv angreift, kann das Königreich ins Wanken bringen.

Dabei profitieren die Bauern selbst kaum von ihrer Arbeit. Vielleicht 14 Millionen Menschen schuften auf Äckern und Weiden, das sind rund 90 Prozent der Franzosen. Doch ein Großteil von ihnen ist so arm, dass sie sich nicht einmal einen Pflug leisten können.

Im Frühling und Herbst kann man sehen, wie die Bauern mit tief gebeugtem Rücken über die Felder ziehen. Mühsam brechen sie die Erde mit Hacke und Spaten auf, säen je nach Saison Hafer und Gerste oder Weizen und Roggen. Getreidebrei gehört zu ihren häufigsten Speisen, dazu gibt es Erbsen, Bohnen, Zwiebeln und Brot; Fleisch dagegen nur sehr selten.

Ihre Wohnstätten sind meist schlichte Hütten aus Strohlehm, die Dächer gedeckt mit Schilf oder Holzschindeln. Durch Luken in den Wänden dringt ein wenig Licht in den schmalen Innenraum, in dem sich fast immer auch die Feuerstelle findet.

Das Leben ist karg und monoton. Im Sommer treiben die Bauern ihre Schafe, Ziegen und Kühe auf die Weiden. Im Herbst scheuchen sie Schweine in die Wälder, um sie mit Eicheln und Bucheckern zu mästen. Wer Wein anbaut, erntet nun die Trauben und keltert sie mit nackten Füßen in einem Holzbottich.

Die meisten Bauern arbeiten auf Land, das Adeligen oder der Kirche gehört. Den Grundherren zahlen sie dafür Abgaben, oft in Form von Naturalien, müssen ihnen aber auch Arbeitsdienste leisten – etwa die Saat auf den Äckern ausbringen, die der Eigentümer für sich selbst nutzt. Oft sind sie überdies verpflichtet, ihre Rinder und Schafe auf den brachliegenden Feldern des Grundherrn weiden zu lassen – damit der Dung seine Erträge steigert.

Die Grundherren leben gut von der Arbeit der Landleute. Sie residieren in Gutshäusern oder Burgen, geben üppige Bankette für Gäste, während ihre Bauern darben.

In diese bäuerliche Welt der Armut und Ausbeutung fällt Prinz Eduard bei seiner zweiten Chevauchée im Sommer 1356 erneut ein, zerstört auf seinem Weg durch Zentralfrankreich zahlreiche Siedlungen.

Allerdings leiden Frankreichs Bauern nicht nur unter den regulären Truppen der Engländer. In diesen Jahren beginnen auch unabhängige Soldatenverbände durchs Land zu streifen – in der Regel ehemalige Söldner des englischen, zuweilen auch des französischen Königs, die nach Ende eines Feldzugs nicht in ihre Heimat zurückkehren, sondern sich zu Banden zusammenschließen.

Die „Routiers“ genannten Kämpfer (von französisch *route*, „Bande“) setzen sich bald in fast jedem Winkel Frankreichs fest, nehmen Hunderte Burgen, Gutshäuser und Klöster in Beschlag. Von dort aus bringen sie viele Landstriche unter ihre Kontrolle – darunter etliche, die bisher von Chevauchées verschont geblieben waren. Und anders als die Soldaten des Schwarzen Prinzen ziehen die Routiers nicht nach ein paar Stunden weiter – sie quälen die Landleute für Monate, oft auch für Jahre.

Sie greifen sich Bauern auf dem Feld oder auf dem Weg zur Mühle, verschleppen sie in ihre Stützpunkte und fordern von den Familien Lösegeld – neben Münzen auch Waren wie Äxte, Eisennägel und Sättel. Wenn die Angehörigen den Mann nicht auslösen, erdrosseln ihn die Routiers oder foltern ihn zu Tode.

Auch wenn die Banden vom englischen König keinen Sold erhalten, rauben und morden sie doch oft mit seinem Wissen und seiner Billigung. Immerhin haben viele von ihnen in seinen Reihen gedient, der König und Prinz Eduard kennen einige ihrer Anführer gut. Und warum sollten die beiden die Kämpfer aufhalten? Helfen sie ihnen doch bei ihrem Ziel, Frankreichs Landbewohner durch Gewalt und Ausplünderung zu zermürben.

Selbst mit Verstorbenen machen die Banden Geschäfte. Sie verlangen Lösegeld für Leichen (vermutlich häufig die Körper der von ihnen ermordeten Geiseln). Die Verwandten legen oft ihre letzten Münzen zusammen – denn ohne ein christliches Begräbnis, so fürchten sie, wird der Tote keinen Frieden im Jenseits finden.

Um den Bauern gezielt Geld und Güter abzupressen, heuern sie in den Dörfern Informanten an. Die Spitzel verraten ihnen, welcher Mann im Ort eine fette Milchkuh oder einen neuen Pflug besitzt. Und wer im Boden seiner Hütte einen Topf mit Geld vergraben hat. Die Bauern begegnen sich folglich mit Misstrauen. Wird einer der Denunzianten enttarnt, rächen sich die Nachbarn manchmal fürchterlich, treten ihn mit den Füßen zu Tode.

Frauen müssen in den Gebieten der Banden jederzeit damit rechnen, vergewaltigt zu werden. Gelegentlich geschieht es vor den Augen der Ehegatten. Häufiger noch verschleppen Routiers Frauen und junge Mädchen in ihre Stützpunkte, um sie dort zu missbrauchen.

Auch Jungen sind vor ihnen nicht sicher: Schon Neunjährige zwingen die Routiers, als „Pagen“ für sie Dienst zu tun, machen sie faktisch zu Sklaven. Oft leben die Kinder lange Zeit mit den Kriegern zusammen und verrohen dabei. Denn unentwegt bekommen sie mit, wie die Söldner foltern, töten, vergewaltigen – und werden wohl auch häufiger selbst von ihnen sexuell missbraucht.

Viele Bauern fliehen vor den andauernden Übergriffen, verbergen sich wochenlang in Wäldern und Mooren, wo sie in hastig errichteten Hütten hausen. Andere suchen in ummauerten Städten und Burgen Zuflucht, oft mit ihrem Vieh. Doch in den befestigten Orten drängen sich meist schon andere Geflüchtete, sind Enge, Geschrei und Gestank oft kaum auszuhalten – während draußen auf

MUTIG STELLT Johann II. von Frankreich (rechts, mit dunkelblauem Umhang) 1356 den Schwarzen Prinzen bei Poitiers zur Schlacht. Und gerät trotz Überzahl in Gefangenschaft

BEI POITIERS OFFENBART SICH FRANKREICHS SCHWÄCHE

DER PALAST von Poitiers dient lange als Residenz der Herzöge von Aquitanien. Im Friedensschluss von 1360 fällt die gesamte Region an Englands Herrscherhaus. Eduard steigt zu ihrem Fürsten auf

ZUG DER VERWÜSTUNG 1355/56

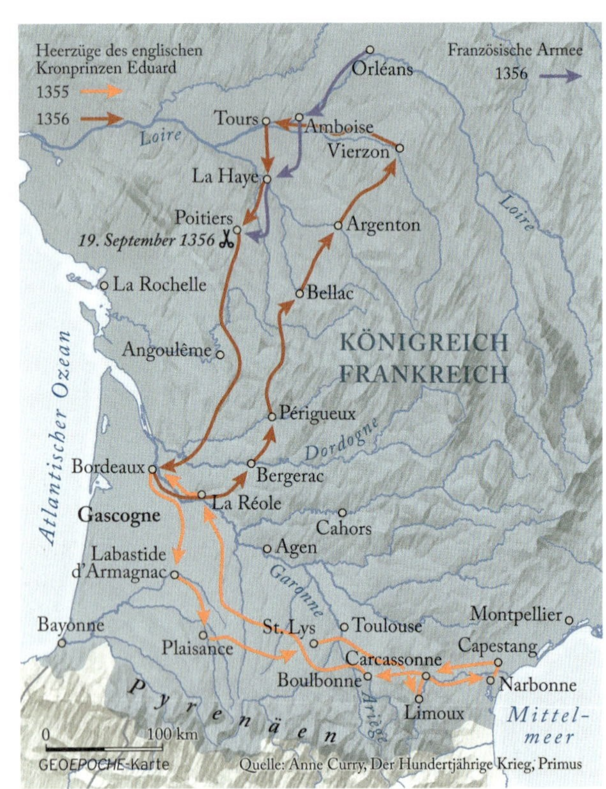

ZWEI JAHRE LANG verheert der Schwarze Prinz mit seinen Truppen weite Gegenden Frankreichs, vor allem im Süden. Die Bilanz: mehr als 500 geplünderte Dörfer, Burgen und Städte

dem Land ganze Orte veröden, Weiden und Weinberge zuwuchern, Handelsstraßen verwaisen.

So sind Mitte des 14. Jahrhunderts in zahlreichen Gebieten Frankreichs Recht und Ordnung erloschen, ist der Herrscher nicht in der Lage, seine Untertanen zu schützen. Nicht vor der Gewalt der Routiers und auch nicht vor dem Terror des Schwarzen Prinzen – der den Franzosen bald eine der größten Demütigungen ihrer bisherigen Geschichte bereitet.

Ende August 1356: Der Prinz zieht seit fast vier Wochen brandschatzend durch die Mitte Frankreichs – da erreicht ihn eine beunruhigende Nachricht: König Johann II., ein sturer, hartnäckiger Mann, steht mit einer großen Armee in Orléans, keine 80 Kilometer entfernt – fest entschlossen, den Raubzug des Prinzen dieses Mal zu stoppen.

Denn für den Monarchen ist die neue Chevauchée eine Provokation: Eduard plündert im Kernland seiner Dynastie. Und anders als im Jahr zuvor ist der König vorbereitet. Von einer Ständeversammlung hat er sich Gelder bewilligen lassen und eine Armee ausgerüstet. Er befehligt nun etwa 20 000 Mann – doppelt so viele wie der Schwarze Prinz.

Der hofft angesichts der gegnerischen Übermacht auf Unterstützung durch eine weitere englische Armee, die vor Wochen in der Normandie gelandet und schon auf dem Weg zu ihm ist. Um sich schneller mit ihr zu vereinigen, zieht Eduard seinen Landsleuten entgegen, gerät dabei aber gefährlich nah an die Franzosen. An der Loire, bei Tours, wartet er daher angespannt auf die Ankunft der Unterstützer, doch die sind noch immer weit entfernt. Zugleich rückt der französische König heran.

Eduard beschließt, in die englisch kontrollierte Gascogne zu flüchten. Doch das französische Heer folgt ihm – und holt ihn nach wenigen Tagen ein, auch weil Eduard seinen Rückzug für mehrere Stunden unterbrochen hatte, um einen französischen Unterhändler zu empfangen.

Es ist Montag, der 19. September 1356, als sich bei Poitiers die beiden Heere gegenüberstehen. Der sonst so hochmütige Prinz will bis zuletzt den Kampf gegen die zahlenmäßig überlegenen Gegner vermeiden, verspricht sogar, sieben Jahre lang nicht mehr die Waffen gegen die Franzosen zu erheben – doch Johann lehnt ab.

Und so beginnt am Rand eines Waldes im Herzen Frankreichs die erste große Feldschlacht der beiden Mächte seit zehn Jahren. Die Engländer haben sich mit dem Rücken zum Gehölz postiert. Vor ihnen liegt ein unwegsames Gelände, überwuchert von Hecken und Weinreben, dahinter die Stellungen der Franzosen. 30 000 Soldaten stehen sich gegenüber – formiert für eine Schlacht, die zu einem der furchtbarsten Gemetzel des Hundertjährigen Krieges gerät.

Die Franzosen lassen zunächst eine kleine Truppe von Kavalleristen auf die englischen Stellungen los. Sie sollen die gefürchteten Langbogenschützen auseinandertreiben, die sich in den Hecken verschanzt haben. Danach, so der Plan, wird eine große Zahl von Fußsoldaten vorstoßen und die aufgescheuchten Schützen niedermachen.

Doch schon die erste Attacke scheitert: Die französischen Ritter haben zwar für den Frontalangriff die Vorderseite ihrer Pferde mit Panzern bedeckt, nicht aber deren restlichen Rumpf. Die Engländer bemerken das, lassen eine kleine Einheit Bogenschützen seitlich vorrücken – und auf die Flanken der Tiere zielen.

Getroffen bäumen sich die Tiere auf, werfen ihre Reiter ab, treten sie oft zu Tode. Andere Pferde sinken leblos zusammen, während der Kavallerist noch im Sattel sitzt. Gestürzte und Verletzte irren benommen übers Schlachtfeld. Wessen Ross verschont geblieben ist, versucht durch Lücken in den Hecken gegen den Feind anzureiten. Doch im Gebüsch sitzen die englischen Bogenschützen, feuern auf die Ritter und töten viele.

Die Fußsoldaten schlagen wild aufeinander ein. Die Verletzungen sind fürchterlich. Man sieht Soldaten mit aufgeschlitzten Bäuchen, die auf ihre eigenen Gedärme treten; anderen werden Arme und Beine abgetrennt.

Die Franzosen sind bald so unter Druck, dass König Johann II. seine Söhne vom Kampfplatz führen lässt. Eine an sich kluge Vorkehrung, um den Fortbestand der Dynastie zu schützen – die aber katastrophale Folgen hat. Denn viele seiner Soldaten verstehen den Rückzug der Königssöhne als Eingeständnis der Niederlage. Und fliehen in großer Zahl vom Kampfplatz.

Johann II. aber bleibt auf dem Schlachtfeld. Inmitten seiner Leibgarde kämpft er gegen die anstürmenden Engländer, erschlägt mit seiner Streitaxt mehrere Gegner. Er wird selbst verletzt, blutet aus dem Gesicht, verliert seinen Helm, hält aber weiter stand. Erst als der Träger der königlichen Standarte fällt, gibt er auf und lässt sich ohne Widerstand festnehmen.

Es ist ein gewaltiger und völlig unerwarteter Sieg für Englands Thronfolger – den er vor allem der Disziplin seiner Truppen zu verdanken hat. Schon seit vielen Wochen ziehen sie gemeinsam durchs Land, Eduard und die Kommandeure kennen sich oft seit Jahren und sind aufeinander eingespielt – während die meisten Anführer der neu aufgestellten französischen Armee bis zur Schlacht bei Poitiers noch nie in dieser Zusammensetzung miteinander gekämpft hatten.

In einer feierlichen Prozession, begleitet von einer gewaltigen Menge an Schaulustigen, zieht der Schwarze Prinz mit seinem königlichen Gefangenen Mitte Oktober in Bordeaux ein, der Hauptstadt der Gascogne. Vier Jahre lang wird Johann II. in Haft bleiben (allerdings unter komfortablen Bedingungen), zunächst in der Gascogne, dann in London.

Die demütigende Niederlage wühlt die Franzosen auf. Besonders die Bauern sind empört über die Unfähigkeit der Adeligen, die sich selbst als Elite Frankreichs sehen und doch den Engländern weder auf dem Schlachtfeld von Poitiers noch bei den Chevauchées Einhalt geboten haben. (König Johann II. dagegen nehmen sie von ihrem Zorn aus – sein Verhalten bei der Schlacht gilt ihnen als edel und tapfer).

Genau wie es der Schwarze Prinz und sein Vater wollten, haben ihre Terrorfeldzüge den Franzosen vorgeführt, dass der Adel das Volk nicht schützen kann. Und nun wenden sich die Bauern gegen die Oberen.

Im Frühjahr 1358 erheben sich im gesamten Norden Frankreichs mehrere Tausend Landleute, greifen mit Knüppeln und Hacken Ritter an, plündern Getreidespeicher, setzen Burgen und Schlösser in Brand. Zwar gelingt es den Herrschenden nach zwei Wochen, den Aufstand niederzuschlagen – doch die Schwäche Frankreichs ist so offensichtlich wie kaum jemals zuvor.

Auch deswegen kann Englands König 1360 einen für ihn günstigen Friedensvertrag aushandeln. Zwar verzichtet er darin – nicht zum ersten Mal seit Beginn der Feindseligkeiten – auf den französischen Thron, erhält dafür aber gewaltige Gebiete, darunter ganz Aquitanien und damit einen großen Teil Süd- und Westfrankreichs. Und vor allem gelten diese Territorien nicht mehr als Lehen, sondern als Besitz des englischen Monarchen, der deshalb dort auch offiziell Herrscher seiner Wahl einsetzen kann.

Zum Fürsten von Aquitanien ernennt er seinen Sohn. Der führt dort einige Jahre mit Frau und Kindern ein Hofleben von verschwenderischem Glanz und herrscht faktisch wie ein König.

Doch der Kronprinz wird nie die Würde eines Monarchen erlangen. Bei einem Feldzug in Spanien steckt er sich mit der Ruhr an, von der er sich nicht mehr erholt. 1376 stirbt Eduard von Woodstock, Fürst von Aquitanien, im Alter von 45 Jahren. Der Schwarze Prinz, der im Laufe seines Lebens Tod und Verderben über Zehntausende Wehrlose gebracht, Landstriche verwüstet und dabei zerstört hat, was Menschen über Generationen aufgebaut haben, wird feierlich in der Kathedrale von Canterbury beigesetzt.

In England verehren ihn die Zeitgenossen als Helden. Wenige Jahre nach seinem Tod rühmt ein Dichter aus seinem engsten Umfeld den Königssohn als „tapfersten Prinzen in der ganzen Welt", der an „nichts dachte als an edle Taten und Güte". ◊

LITERATURTIPPS

RICHARD BARBER
»Life and Campaigns of the Black Prince«
Gute Einführung (Boydell).

NICHOLAS WRIGHT
»Knights and Peasants – The Hundred Years War in the French Countryside«
Schildert das Leid der französischen Bauern (Boydell).

Lesen Sie auch **»Bauernaufstand in Frankreich: Rebellion der Geknechteten«** (aus GEO*EPOCHE* Nr. 75) auf *www.geo-epoche.de*

IN KÜRZE

Eduard von Woodstock, genannt der »Schwarze Prinz«, liebt den Kampf. Bereits im Alter von 16 Jahren nimmt der englische Thronfolger an der Seite seines Vaters 1346 an der Schlacht von Crécy teil. Als Erwachsener erringt er für England Sieg um Sieg, zermürbt mit brutalen Reiterattacken gegen Frankreichs Zivilbevölkerung die Moral des Gegners. König aber wird er nicht. Er stirbt 1376 – noch vor seinem Vater.

EIN BRUTALES LEBEN

Der Ritter Bertrand du Guesclin steigt auf zu einem der angesehensten französischen Heerführer. Doch 1367 fällt er in die Hände seiner Feinde TEXT: *Katrin Diederichs*

Seinem König ist er 100 000 Goldfrancs wert – eine gewaltige Summe. So viel Lösegeld wird für Kriegsgefangene in jenen Jahren üblicherweise nur gezahlt, wenn es sich um Monarchen oder bedeutende Vertreter des Hochadels handelt. Bertrand du Guesclin ist nichts dergleichen, stammt aus niederem Adel. Trotzdem löst ihn Frankreichs Herrscher Karl V. 1367 aus englischer Gefangenschaft aus. Denn er braucht den genialen Feldherrn, um sein großes Ziel zu erreichen: die Engländer endlich vom europäischen Festland zu vertreiben.

Dabei scheint die Zukunft des um 1320 in einem bretonischen Dorf geborenen du Guesclin zunächst wenig glänzend. Bereits als Kleinkind soll sein Aussehen – die flache Nase, die weit auseinander stehenden Augen – so abstoßend gewirkt haben, dass sich die Eltern heimlich den Tod ihres Sohnes wünschten.

Anerkennung will der Heranwachsende als Soldat finden. Schon früh, so berichtet es ein Zeitgenosse, träumt er von einer Karriere auf dem Schlachtfeld. Mit 17 Jahren verlässt du Guesclin das Elternhaus, beweist sein kämpferisches Geschick bei Turnieren – und begibt sich schließlich 1353 in den Dienst des französischen Königs. Seine Furchtlosigkeit und sein Verständnis für militärische Taktiken lassen ihn rasch aufsteigen. 1354 wird er zum Ritter erhoben, dank vieler siegreicher Gefechte unter seinem Kommando ist er bald einer der angesehensten Heerführer des Landes.

1360 schließen die Kriegsparteien nach zermürbenden Kämpfen einen vorläufigen Friedensvertrag. Zwar haben die Engländer in den Jahren zuvor große Schlachtensiege erringen und sogar den französischen König gefangen nehmen können, doch auch ihre Kräfte sind nun erschöpft, und so kann König Eduard III. nur einen Teil seiner Forderungen durchsetzen. Beide Seiten sind unglücklich mit dem Abkommen, das dem englischen König für den Verzicht auf die französische Krone Calais und Aquitanien zuspricht, und die Kontrahenten sind darauf erpicht, ihren Gegner weiterhin zu schwächen. Zum wichtigsten Schauplatz dieser indirekten Kriegsführung wird bald die Iberische Halbinsel.

Dort streiten der König von Kastilien und sein Halbbruder seit vielen Jahren um den Thron. Da der amtierende Monarch mit England verbündet ist, sieht Karl V. die Chance, dessen Halbbruder als Bündnispartner zu gewinnen, und eilt diesem zu Hilfe. Mehr noch: Mit dem Feldzug in Spanien hofft Karl endlich jene Söldnerhorden beschäftigen und so außer Landes schaffen zu können, die seit dem vorläufigen Ende des Krieges die Provinzen seines Reiches plündern. Der Monarch vertraut dabei seinem fähigsten Kommandanten: Im Winter 1365 führt Bertrand du Guesclin eine 12 000 Mann starke Armee über die Pyrenäen.

Gemeinsam mit seinen spanischen Verbündeten kann er zunächst große Teile Kastiliens erobern. Doch die entscheidende Schlacht endet für ihn mit einer schmachvollen Niederlage: Am 3. April 1367 werden seine Soldaten nahe dem nordspanischen Städtchen Nájera durch den Überraschungsangriff einer englisch-kastilischen Übermacht vernichtend geschlagen.

Du Guesclin gerät in Gefangenschaft, sein König erhält die gigantische Lösegeldforderung von 100 000 Goldfrancs – und zahlt. Der Feldherr bedankt sich auf seine Weise: Zwei Jahre später besiegt er den kastilischen Monarchen doch noch. Frankreich kann nun auch über die gewaltige Flotte des neuen kastilischen Regenten verfügen, so die Küsten besser vor künftigen Angriffen schützen.

Als der Krieg gegen die Engländer 1369 wieder offiziell aufflammt, ist es der längst zu einer Berühmtheit gewordene du Guesclin, der Sieg um Sieg erringt: 1372 gelingt ihm die Eroberung nahezu der gesamten Bretagne, nach weiteren Triumphen ist die englische Position um 1377 so schwach wie nie zuvor seit Kriegsbeginn. Neben Calais bleibt der Krone nur noch das Kerngebiet ihrer Besitzungen in Aquitanien.

So steht du Guesclin auf dem Höhepunkt seiner Karriere – als ihn der Tod ereilt: Am 13. Juli 1380 stirbt der mittlerweile etwa 60-Jährige, wohl an Typhus.

Wie mitunter bei höchsten Würdenträgern, wird sein Leichnam sorgsam zerteilt, werden Herz und Fleisch wie Heiligenreliquien in verschiedenen Kirchen des Landes bestattet. Du Guesclins Gebeine indes lässt Karl V. in der Königsnekropole von Saint-Denis beisetzen. Zu Füßen eines Sarkophags, in dem der französische Herrscher zwei Monate nach dem Tod seines größten Feldherrn selbst die letzte Ruhe findet. ◊

Ausgesprochen hässlich soll Bertrand de Guesclin schon in jungen Jahren gewesen sein. Früh bewährt er sich als furchtloser Krieger, zunächst in Turnieren, dann im Kampf gegen die Engländer, steigt so zum Nationalhelden auf. Als er 1367 gefangen genommen wird, ist er Frankreichs König Karl V. ein enormes Lösegeld wert

MENSCHEN DAHINTER

GEO EPOCHE *PLUS*

Dirk Krömer, Anja Fries, Samuel Rieth

Längst gibt es alle Ausgaben und Texte von GEO*EPOCHE* auch digital. Doch das Online-Angebot auf *www.geo-epoche.de* ist weit mehr als nur eine stetig aktualisierte Bibliothek: Hier kann man sich Geschichten anhören, unserem Podcast lauschen oder sich jede Woche durch neu empfohlene Beiträge inspirieren lassen. Schauen Sie doch mal rein. Das Redaktionsteam (oben) würde sich freuen.

ILLUSTRATION

Timo Zett

Immer wieder erweckt der Illustrator längst vergangene Zeiten für GEO*EPOCHE* zum Leben. Wenn er sich nicht gerade mit historischen Schlachten oder mittelalterlichen Kämpen beschäftigt (wie für die Bilder ab Seite 54 in diesem Heft), streift Timo Zett auch gern mit Stift und Papier durch seine Wahlheimat. Das Ergebnis ist als Buch erhältlich: „Sketching Hamburg" (Junius).

GESCHICHTE AUS DEM QUALITY BOARD

Künstlerische Freiheit oder historische Genauigkeit? Wenn es um Aussagen in Texten geht, dann ist diese Frage für Alice Passfeld und die Brüder Stefan und Andreas Sedlmair, das Verifikationsteam von GEO*EPOCHE* im Gruner + Jahr Quality Board, in der Regel schnell entschieden: Die Fakten müssen stimmen, dafür muss notfalls auch eine besonders schöne Formulierung oder ein spannendes (aber leider nicht belegtes) Detail daran glauben. Doch auch dann, wenn die Redaktion einen künstlerisch arbeitenden Illustrator wie Timo Zett (siehe Porträt links) mit der Bebilderung einer Strecke für GEO*EPOCHE* beauftragt, ist der kritische Blick der Verifikationsredakteure gefragt. Dabei kann es schon mal zu Diskussionen kommen: So hätte Zett gern das – natürlich fiktive – Gesicht des französischen Knappen gezeigt, der auf Seite 61 allein die Reihen der Engländer attackiert. In den vorhergehenden Illustrationen ist das Antlitz des Kämpfers bereits zu sehen, und so hätte sich im letzten Bild der Strecke ein reizvoller Wiedererkennungseffekt eingestellt. Doch dass der Franzose ausgerechnet bei so einer wagemutigen Aktion seinen Kopf hätte ungeschützt lassen sollen, erschien dann doch zu unwahrscheinlich – und so trägt der wackere Recke jetzt einen Helm.

GEO*EPOCHE* EDITION

UM 1900: Beeindruckende Bilder aus unsicherer Zeit

KUNST UND MACHT

In seiner nächsten Ausgabe widmet sich GEO*EPOCHE* EDITION der Kunst der deutschen Kaiserzeit. Sie erzählt von den Realisten und Bildhauern, die mit ihren Werken die junge Nation feiern; von Meistern, die die Betrachter ihrer Werke in exotische Gefilde entführen; vom obersten Herrscher, der Kunst als Instrument der Machtfestigung einsetzt. Denn das erst 1871 gegründete Kaiserreich ist sich seiner selbst längst nicht sicher – und noch immer ein Staat größter Gegensätze: auf dem Land rückständig; schillernd und modern hingegen in den Metropolen. Und genau dort, in München oder Dresden etwa, regt sich mit Kunstrichtungen wie dem Jugendstil und dem Expressionismus der Widerstand gegen die offiziell geförderte Kunst. Auch davon wird das Heft berichten. Und so zeigen: Das Kaiserreich pendelt, überraschend vielfältig, zwischen ehrwürdiger Konvention und kühner Erneuerung.

GEO*EPOCHE* EDITION
»Die Kunst des deutschen Kaiserreichs«, 132 Seiten, 16,50 Euro. Themen: Tasten im Angesicht der Moderne • Abgründe des Bürgertums • Herrscherkult • Die bunte Revolution

PODCAST

TATORT VERGANGENHEIT

GEO*EPOCHE* startet die siebte Staffel seines True-Crime-Podcasts: „Verbrechen der Vergangenheit" schildert unter anderem den ersten überlieferten Mordprozess der Geschichte, erzählt von legendären Outlaws und Raubrittern – und rekonstruiert das tödliche Attentat auf Martin Luther King.

DIE NEUEN FOLGEN
laufen ab 1. Oktober auf den gängigen Plattformen und jeweils vier Tage vorab auf *www.geo-epoche.de*

GEO Perspektive

MEHR ALS EIN JOB

GEO stellt sechs Fotografinnen und Fotografen vor, die genauer hinsehen, länger verweilen, weiter rausfahren – und uns so die Welt in einem neuen Licht zeigen. Historische Essays über Pioniere mit Glasplatten oder den New Journalism der 1960er Jahre ergänzen die Reportagen.

GEO PERSPEKTIVE
»Weit weg, nah dran«. 148 Seiten, 12 Euro. Einige Themen: Aus Liebe zur Arktis • Frau an der Front • Bei den Tuareg • Was vom Krieg bleibt • Naturfotografie: Belichten und Bewahren

GEO*EPOCHE*

Das Magazin für Geschichte

IMPRESSUM

CHEFREDAKTEURE: Jens Schröder, Markus Wolff
REDAKTIONSLEITUNG: Joachim Telgenbüscher
MANAGING DESIGNERIN: Tatjana Lorenz
TEXTREDAKTION: Johannes Teschner (Konzept dieser Ausgabe), Jens-Rainer Berg, Kirsten Bertrand, Insa Bethke, Dr. Anja Fries, Samuel Rieth
AUTOREN: Jörg-Uwe Albig, Dr. Mathias Mesenhöller
BILDREDAKTION: Julia Franz, Christian Gargerle, Imke Keyssler, Roman Rahmacher, Jochen Raiß
LAYOUT: Frank Strauß
KARTOGRAFIE: Stefanie Peters
QUALITY BOARD – VERIFIKATION, RECHERCHE, SCHLUSSREDAKTION: Leitung: Tobias Hamelmann, Norbert Höfler, Melanie Moenig (Stellvertreterin); Elke von Berkholz, Lenka Brandt, Regina Franke, Hildegard Frilling, Dr. Götz Froeschke, Thomas Gebauer, Susanne Gilges, Cornelia Haller, Sandra Kathöfer, Judith Ketelsen, Petra Kirchner, Dirk Krömer, Michael Lehmann-Morgenthal, Dirk Liedtke, Kirsten Maack, Jörg Melander, Andreas Mönnich, Susan Molkenbuhr, Alice Passfeld, Christian Schwan, Andreas Sedlmair, Stefan Sedlmair, Corinna Slotty, Bettina Süssemilch
REDAKTIONSASSISTENZ: Ümmük Arslan
GESCHÄFTSFÜHRENDE REDAKTEURE: Maike Köhler, Bernd Möller

Verantwortlich für den redaktionellen Inhalt: Jens Schröder, Markus Wolff

Litho: 4mat Media, Hamburg
Druck: appl druck GmbH, Senefelderstraße 3–11, 86650 Wemding
Printed in Germany

Gruner + Jahr GmbH
Sitz von Verlag und Redaktion: Am Baumwall 11, 20459 Hamburg.
Postanschrift der Redaktion: Brieffach 24, 20444 Hamburg.
Telefon: 040 / 37 03-0
Internet: www.geo.de/epoche

PUBLISHER: Frank Thomsen (Stellvertreter: Toni Willkommen)
PUBLISHING MANAGER: Patricia Hildebrand
SALES DIRECTOR: Franziska Bauske / DPV Deutscher Pressevertrieb
DIRECTOR BRAND PRINT + DIRECT SALES: Heiko Hager, Ad Alliance GmbH
Verantwortlich für den Inhalt der Anzeigen: Fabian Rother – Head of Brand Print + Direct Sales, Ad Alliance GmbH, Am Baumwall 11, 20459 Hamburg. Es gilt die jeweils aktuelle Preisliste unter www.ad-alliance.de
MARKETING: Pascale Victoir
HERSTELLUNG: G + J Herstellung, Heiko Belitz (Ltg.), Oliver Fehling

Heftpreis: 12,00 Euro (mit DVD: 19,50 Euro)
ISBN: 978-3-652-01043-6; 978-3-652-01049-8 (Heft mit DVD)
ISSN: 1861-6097

Bankverbindung: Deutsche Bank AG Hamburg, IBAN: DE 30 2007 0000 0032 2800 00, BIC: DEUTDEHH

GEO-LESERSERVICE

FRAGEN AN DIE REDAKTION
Telefon: 040 / 37 03 20 84
E-Mail: briefe@geo-epoche.de

BESTELLADRESSE FÜR GEO-BÜCHER, GEO-KALENDER, SCHUBER ETC.
Anschrift: GEO-Versand-Service, 74569 Blaufelden
Telefon: +49 / 40 / 42 23 64 27
Telefax: +49 / 40 / 42 23 66 63
E-Mail: guj@sigloch.de

ABONNEMENT- UND EINZELHEFTBESTELLUNG
Online-Kundenservice: www.geo.de/kundenservice
Telefon: 0049 / 40 / 55 55 89 90
Service-Zeiten: Mo–Fr 7.30 bis 20.00 Uhr, Sa 9.00 bis 14.00 Uhr
Postanschrift: GEO*EPOCHE* Kundenservice, 20080 Hamburg

Preise Jahresabonnement:
72,00 € (D), 81,00 € (A), 114.00 sfr (CH)
mit DVD:
123,00 € (D), 141,00 € (A), 207.00 sfr (CH)
Studentenabonnement:
43,20 € (D), 48,60 € (A), 68.40 sfr (CH)
mit DVD:
73,80 € (D), 84,60 € (A), 124.20 sfr (CH)
Preise für weitere Länder auf Anfrage erhältlich

USA: GEO*EPOCHE* is published by Gruner + Jahr GmbH K.O.P.: German Language Pub., 153 S Dean St, Englewood NJ 07631. Periodicals Postage is paid at Paramus NJ 07652. Postmaster: Send address changes to GEO*EPOCHE*, GLP, PO Box 9868, Englewood NJ 07631.
KANADA: Sunrise News, 47 Silver Shadow Path, Toronto, ON, M9C 4Y2, Tel.: +1 647-219-5205, E-Mail: sunriseorders@post.com

Alle Fakten, Daten und Karten in dieser Ausgabe sind vom GEO*EPOCHE*-Verifikationsteam auf ihre Richtigkeit überprüft worden.

FOTOVERMERK NACH SEITEN

Anordnung im Layout: l. = links, r. = rechts, o. = oben, m. = Mitte, u. = unten

TITEL: Bridgeman Images

EDITORIAL: Malte Joost für GEO*EPOCHE*: 3

INHALT: Guillaume Souvant/AFP via Getty Images: 4 l. o.; Bridgeman Images: 4 l. m.; Hulton Archive/Getty Images: 4 l. u.; Heritage Images/Fine Art Images/akg-images: 4 r. o.; Timo Zett für GEOEPOCHE: 4 r. u.; Leemage/imago: 5 r. o.; Bridgeman Images: 5 m. o.; akg-images: 5 m. u.; Universitätsbibliothek Heidelberg: 5 r. u.

UMKÄMPFTES LAND: Roger-Viollet/ullstein bild: 6/7, 19; Ministère de la Culture/Médiathèque du Patrimoine, Dist./François Kollar/RMN-Grand Palais/bpk-images: 8/9; AFP/Getty Images: 10/11; Sepia Times/Universal Images Group/Getty Images: 12/13; Gardel Bertrand/hemis.fr/laif: 14/15; adoc-photos/bpk-images: 16/17, 18; Alinari Archives/bpk-images: 20/21

STREIT DER KÖNIGE: Stefanie Peters für GEO*EPOCHE*: 23–25

DIE PRINZESSIN AUS FRANKREICH: Heritage Images/Fine Art Images/akg-images: 26/27; Bridgeman Images: 28/29; Bibliothèque nationale de France: 31; Bibliothèque nationale de France: 32; Bridgeman Images: 34–35; Bibliothèque nationale de France: 36–37; The Picture Art Collection/Alamy/mauritius images: 38

DIE MACHT DER PFEILE: Bridgeman Images: 40–41; Pictures From History/akg-images: 42; adoc-photos/bpk-images: 43; Bridgeman Images: 44; The Art Archive/Shutterstock: 47; Bridgeman Images: 48; British Library Board/bpk-images: 50

IM ANGESICHT DES TODES: Image Château de Versailles/RMN-Grand Palais/bpk-images: 52

DER KAMPF DER DREISSIG: Timo Zett exklusiv für GEOEPOCHE: 54–61

DER SCHWARZE PRINZ: Hulton Archive/Getty Images: 64; Ministère de la Culture/Médiathèque du Patrimoine, Dist./Noël Le Boyer/RMN-Grand Palais/bpk-images: 64/65; Archiv Gerstenberg/ullstein bild/picture alliance: 72; The Print Collector/Heritage-Images/picture alliance: 66, 69, 70, 73; RMN-Grand Palais/bpk-images: 66/67; Vicomte Joseph de Vigier/RMN-Grand Palais/bpk-images: 68/69; Ministère de la Culture/Médiathèque du Patrimoine Dist./Médéric Mieusement/RMN-Grand Palais/bpk-images: 70/71; British Library Board/bpk-images: 74; RMN-Grand Palais/bpk-images: 75; Stefanie Peters für GEO*EPOCHE*: 76

EIN BRUTALES LEBEN: adoc-photos/bpk-images: 79

MENSCHEN DAHINTER: David Kern (3), Timo Zett: 80

DAS EWIGE RINGEN: Wallace Collection/Bridgeman Images: 83; Royal Armouries: 84; Wallace Collection/Bridgeman Images: 87; Andrew Lloyd/Alamy Stock Photo: 88 l.; Royal Armouries: 88 r. o.; Wallace Collection/Bridgeman Images: 91; Royal Armouries: 92; Royal Armouries: 94; Stefanie Peters für GEO*EPOCHE*: 85, 86, 89, 90, 93

LESEZEICHEN: Heritage Image Partnership Ltd/Alamy Stock Photo: 95

KAMPF UM PARIS: adoc-photos/bpk-images: 96/97; akg-images: 98/99; RMN – Grand Palais/Thierry Ollivier/bpk-images: 98 u.; adoc-photos/bpk-images: 100/101; Manuel Cohen/akg-images: 101 o.; IAM/World History Archive/akg-images: 102/103; Kharbine-Tapabor/imago: 103; Bridgeman Images: 104/105; Heritage-Images/The Print Collector/akg-images: 106/107; Bridgeman Images: 106; Mary Evans/Interfoto: 108/109; Leemage/imago: 109; François Guénet/akg-images: 110/111; Yolanda Perera Sanchez/Alamy Stock Photo: 110

HEINRICH V. – DER SIEGER VON AZINCOURT: Bridgeman Images: 113, 115, 119, 120; British Library Board/bpk-images: 116; Photo 12/ullstein bild: 123

JEANNE D'ARC: Societe Generale De Films/Album/akg-images: 126; akg-images: 127; Collection Christophel/Alamy Stock Photo: 128/129; Masheter Movie Archive/Alamy Stock Photo: 130 o.; picture alliance: 130 u.; Coll. Ch. Goeury/adoc-photos/bpk: 133 u.; ddp images: 133 o. l.; Sammlung Richter/picture alliance: 133 o. r.; Everett Collection/picture alliance: 133 m. l.; Everett Collection/picture alliance: 133 m. r.; Ronald Grant Archive/Alamy Stock Photo: 134; Everett Collection/picture alliance: 135; Sammlung Richter/picture-alliance: 136 o.; Everett Collection/picture alliance: 136 u.; Bridgeman Images: 139; Sammlung Richter/picture alliance: 140

FINANZIER DES KRIEGES: akg-images: 142

DIE LETZTE SCHLACHT: Universitätsbibliothek Heidelberg: 144/145; M. Seemuller/De Agostini Picture Library/akg-images: 146; Universitätsbibliothek Heidelberg: 147, 148; Bridgeman Images: 149; Universitätsbibliothek Heidelberg: 151; Bridgeman Images: 152

EIN NEUES GEFÜHL: Priva[illegible] Martin Bache/Alamy Stock Photo: 155; Heritage Images/Fine[illegible]/akg-images: 156; robertharding/Alamy Stock Photo: 159

VORSCHAU: James F[illegible] Minnesota

DIE GESCHICHTE DES HUNDERTJÄHRIGEN KRIEGES

Das ewige *RINGEN*

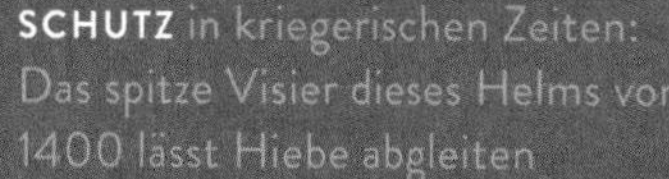

SCHUTZ in kriegerischen Zeiten: Das spitze Visier dieses Helms von 1400 lässt Hiebe abgleiten

116 Jahre brandet der Kampf zwischen den französischen und englischen Dynastien um die Macht in Frankreich hin und her. Doch der zugrunde liegende Streit schwelt noch weit länger – und wirkt fort bis in die Neuzeit

TEXT: *Svenja Muche* **KARTEN:** *Stefanie Peters*

1066

Wilhelm, Herzog der Normandie, setzt mit einem Invasionsheer nach England über, besiegt am 14. Oktober bei Hastings den angelsächsischen König und bringt in der Folge das gesamte Land unter seine Kontrolle. Am 25. Dezember zum König von England gekrönt, bleibt Wilhelm als Herzog der Normandie, die ihm als Lehen der französischen Krone gegeben ist, aber weiterhin ein Vasall des Königs von Frankreich. Damit ist der grundlegende Konflikt zwischen den Herrscherhäusern von England und Frankreich angelegt, der zum Anlass wird für jene Abfolge kriegerischer Auseinandersetzungen in den Jahren 1337–1453, die Historiker später unter der Bezeichnung „Hundertjähriger Krieg“ zusammenfassen werden.

1144

Gottfried Plantagenet, Graf von Anjou sowie der angrenzenden Territorien Maine und Touraine, wird Herzog der Normandie. Durch seine Vermählung mit Matilda, einer Enkelin von Wilhelm „dem Eroberer“, hatte seine Familie den Erbanspruch auf das Herzogtum wie auch auf die englische Krone erlangt.

1152

Gottfrieds Sohn und Nachfolger Heinrich heiratet Eleonore, die Erbin des Herzogtums Aquitanien, zu dem große Gebiete im Süden und Westen des Königreichs Frankreich gehören, darunter das Poitou, die Auvergne und die Gascogne.

1154

Heinrich wird zum König von England gekrönt (als Heinrich II.). Sein Herrschaftsbereich umfasst damit ganz England, Teile von Wales (später auch von Irland) sowie, als Lehen der französischen Krone, die Stammlande der Anjou, Aquitanien und die Normandie, zusammen rund die Hälfte des Gebietes des Königreichs Frankreich. Später wird auch noch die Bretagne Teil des Gebildes, für das Historiker den Begriff „Angevinisches Reich“ („Reich von Anjou“) prägen.

1202

Frankreichs König Philipp II. entzieht dem englisch-angevinischen Herrscher Johann seine Lehen in Nordfrankreich und erobert in der Folge die Normandie. 1214 erkennt Johann im Vertrag von Chinon den Verlust aller Gebiete nördlich der Loire an. Philipps Nachfolger Ludwig VIII. bringt auch das Poitou und weitere zuvor zu Aquitanien gehörende Gebiete unter seine direkte Herrschaft. Dem englischen König bleibt als Besitz in Frankreich nur noch ein Rest von Aquitanien mit der Gascogne und der Stadt Bordeaux.

1259

Ludwig IX. von Frankreich und Heinrich III. von England schließen den Vertrag von Paris. Er soll die vorangegangenen Kriege beenden und das Lehnsverhältnis klären. Heinrich verzichtet auf alle Gebiete im Norden Frankreichs und leistet Ludwig als Vasall die Huldigung für das Herzogtum Aquitanien. Das so bezeichnete Lehen umfasst tatsächlich jedoch nur Teile der Gascogne und einige benachbarte Gebiete. Zudem bleibt der grundsätzliche Konflikt auch weiterhin bestehe: Der englische König will in seinem kontinentalen Besitz weitgehend souverän herrschen, der französische König hingegen seine Oberhoheit durchsetzen.

ENORM ist die Durchschlagskraft von Armbrüsten wie dieser, die vor allem die französischen Truppen zu Beginn des Krieges einsetzen. Doch das Laden der Waffe dauert lange – und wird so zum tödlichen Nachteil

1294

Der französische König Philipp IV. nimmt gewaltsame Zusammenstöße zwischen gascognischen und normannischen Seeleuten als Vorwand, um den englischen König Eduard I. aus Frankreich zu drängen: Weil er nicht persönlich in Paris erschienen ist, um sich für das Verhalten seiner gascognischen Untertanen zu verantworten, habe Eduard seinen Lehnseid gebrochen. Am 19. Mai konfisziert Philipp daher das Herzogtum Aquitanien. Seine Truppen nehmen daraufhin nahezu die gesamte Gascogne ein, die in der Folge aber noch jahrelang umkämpft ist. Zudem weitet sich der Konflikt auf das mit Eduard verbündete Flandern aus. 1303 schließlich lässt sich Philipp,

ENGLAND AUF DEM VORMARSCH 1337–1360

DIE ERSTE PHASE des Krieges ist geprägt durch englische Triumphe: Nach den Siegen bei Crécy und Poitiers sowie brutalen Heerzügen im Süden schreibt 1360 der Friede von Brétigny Eduard III. stark vergrößerte Territorien zu. Englands König gebietet nun souverän über rund ein Drittel von Frankreich

dessen Kriegskasse erschöpft ist, auf einen Friedensvertrag ein, durch den Eduard sein Lehen zurückerhält. Zudem wird vereinbart, dass der englische Thronfolger, Eduards gleichnamiger Sohn, Philipps Tochter Isabelle zur Frau nehmen soll, sobald sie das dafür nötige Alter erreicht hat.

1308

Eduard II., seit dem Tod seines Vaters im Vorjahr König von England, heiratet die zwölfjährige Isabelle. Kurz zuvor hat er Philipp IV. als Lehnsherrn für seine Besitzungen in Frankreich gehuldigt. Die Ehe soll den Frieden zwischen den Königshäusern sichern, tatsächlich kommt es aber immer wieder zu Spannungen wegen der Gascogne.

1324

Karl IV., nach dem Tod seines Vaters Philipp IV. sowie seiner älteren Brüder Ludwig X. und Philipp V. seit 1322 König von Frankreich, nutzt abermals einen Vorwand, um die vom englischen König gehaltenen Lehen einzuziehen und die Gascogne zu besetzen. Nur Bordeaux und einige weitere Stützpunkte bleiben in englischer Hand. Auch durch Vermittlung von Karls Schwester Isabelle kommt es im folgenden Jahr zu einer Lösung: Ihr ältester Sohn, Kronprinz Eduard, leistet dem französischen König die Huldigung, allerdings für ein nochmals verkleinertes Lehnsgebiet.

1328

Mit 33 Jahren stirbt Karl IV., ohne einen männlichen Erben zu hinterlassen. Isabelle entsendet daraufhin eine Delegation und fordert den französischen Thron für ihren 15-jährigen Sohn, König Eduard III. – tatsächlich ist er der nächste männliche Verwandte des verstorbenen Karl. Doch Eduards Anspruch findet keine Anerkennung, mit der Begründung, dass in Frankreich eine Erbfolge über die weibliche Linie ausgeschlossen sei. Stattdessen unterstützen die mächtigen Adeligen in Frankreich einen Cousin von Karl und Isabelle, der als Philipp VI. zum neuen König gekrönt wird. 1329 leistet ihm Eduard die Huldigung für die Gascogne und gibt damit implizit auch seinen eigenen Anspruch auf die französische Krone auf. Die rechtlichen Auseinandersetzungen um das Lehen spitzen sich in den folgenden Jahren aber noch weiter zu.

1337

Philipp VI. zieht im Mai die französischen Besitzungen des englischen Königs ein und be-

FRANKREICH SCHLÄGT ZURÜCK 1369–1389

London
Nordsee
KÖNIGREICH ENGLAND
Calais
Brügge
Rhein
Leulinghem
Ärmelkanal
HEILIGES RÖMISCHES REICH
Amiens
Saint-Sauveur
Rouen
Caen
Reims
Seine
Normandie
Marne
Paris
Brest
Bretagne
Rennes
Sens
Orléans
Pontvallain
Loire
Dijon
Nantes
Bourges
Poitiers
KÖNIGREICH FRANKREICH
La Rochelle
Saône
Atlantischer Ozean
Limoges
Lyon
Bordeaux
Die
La Réole
Rhône
Gascogne
Garonne
Avignon
Bayonne
Auch
Toulouse
Aix
Pau
Narbonne
Pyrenäen
Mittelmeer
Königreich Frankreich
englischer Besitz in Frankreich
0 200 km
GEOEPOCHE-Karte

NACHDEM BEIDE SEITEN den Frieden wieder gebrochen haben, zahlt sich eine veränderte Strategie der Franzosen aus. Durch viele kleine Gefechte gelingt es ihnen, die Engländer auf vereinzelte Enklaven zurückzudrängen. Ausgelaugt einigen sich die Lager 1389 auf eine Waffenruhe

gründet den Schritt, wie schon sein Vorgänger, mit einer Verletzung der Lehnspflicht. Eine Formalie, denn beide Seiten rüsten seit Monaten für einen Waffengang: Philipp will die Engländer endgültig aus Frankreich vertreiben, Eduard III. dagegen die weitgehend uneingeschränkte Oberhoheit in seinem Festlandsterritorium durchsetzen. Im Sommer fallen Philipps Truppen in der Gascogne ein. Der Hundertjährige Krieg hat begonnen.

1338

Eine französische Flotte greift am 24. März das englische Portsmouth an, Landungstruppen brennen die Hafenstadt nahezu vollständig nieder. Weitere Attacken auf englische Küstengebiete und die Kanalinseln Guernsey und Jersey folgen. So stört Philipp VI. den für Englands Wirtschaft existenziellen Seehandel und zwingt zudem Eduard III. dazu, bedeutende Mittel für die Küstenverteidigung aufzuwenden.

1339

Nahe dem Ort La Capelle treffen Ende Oktober der englische und der französische König erstmals mit ihren Armeen aufeinander. Eduard hat Anfang des Monats ein Koalitionsheer aus mehr als 10 000 englischen, deutschen und niederländischen Kämpfern in den Nordosten Frankreichs geführt. Philipp VI. ist ihm mit schätzungsweise 25 000 Mann entgegengezogen. Zu einem Gefecht aber kommt es nicht. Der Grund ist nicht eindeutig überliefert. Möglich, dass Eduard eine Niederlage gegen das größere, zudem durch Gräben geschützte französische Heer fürchtet und sich darum zurückzieht.

1340

26. Januar. Auf einem Marktplatz der flandrischen Stadt Gent erklärt Eduard III. sich öffentlich zum König von Frankreich. Den Titel gebraucht er bereits seit 1337, allerdings bisher nur in vertraulichen Schreiben an potenzielle Verbündete. Ob Eduard tatsächlich die französische Krone anstrebt, ist unter Historikern umstritten. Vielleicht setzt er seinen Anspruch nur als Druckmittel ein, um Philipp VI. Zugeständnisse abzuzwingen. Sicher will er so auch Unterstützer gewinnen, die zwar dem König von Frankreich, nicht aber Philipp persönlich verpflichtet sind und sich von Eduard Vorteile erhoffen – so wie die Flamen, denen er unter anderem die Grafschaft Artois verspricht.

24. Juni. Auf einem Meeresarm in Flandern prallen bei dem Ort Sluis zwei Seeverbände in

Der SCHWARZE TOD stoppt das MORDEN

der ersten großen Schlacht des Hundertjährigen Krieges aufeinander: Mit mehr als 200 Schiffen will Philipp VI. die Landung einer kleineren Flotte Eduards III. verhindern. Den Franzosen und ihren genuesischen und kastilischen Unterstützern gelingt es jedoch nicht, ihre zahlenmäßige Überlegenheit auszunutzen. Auch dank der englischen Langbogenschützen: Ihre Salven gehen in viel schnellerer Folge nieder als die der gegnerischen Armbrustschützen. Philipp verliert vor Sluis rund 15 000 Kämpfer und nahezu alle seine Schiffe: eine katastrophale Niederlage. Eduard dagegen kann nun ungehindert Truppen über den Kanal setzen.

Ende Juli. Eduard III. beginnt mit der Belagerung der nordfranzösischen Stadt Tournai (heute Belgien). Bald aber drohen Kämpfer seines Koalitionsheeres zu meutern, weil der König ihnen die zugesagte Bezahlung schuldig bleibt. Eduard braucht einen schnellen Sieg. Doch Philipp VI., der mit einem Heer heranrückt, schreckt vor einer offenen Feldschlacht zurück. Am 25. September einigen sich beide Seiten auf einen neunmonatigen Waffenstillstand, den sie später bis Juni 1342 verlängern.

1342

In der Bretagne ist ein Kampf um die Nachfolge des im Vorjahr verstorbenen Herzogs ausgebrochen, der zu einem von mehreren Stellvertreterkonflikten im Hundertjährigen Krieg wird. Am 26. Oktober landet Eduard III. mit 5000 Kämpfern an der bretonischen Küste, um einen der beiden Prätendenten zu unterstützen. Der erkennt dafür Eduards Ansprüche in Frankreich an. Sein Gegner erhält Militärhilfe von Philipp VI. Der Bretonische Erbfolgekrieg endet 1343 vorerst in einem Patt und de facto mit einer Zweiteilung der Bretagne.

1345

Englisch-gascognische Truppen erobern im August die Stadt Bergerac und erzielen weitere militärische Erfolge im Südwesten Frankreichs. Eduard III. trifft derweil Vorbereitungen, ein großes Heer in seinem Königreich auszuheben, ohne auf die Truppenkontingente Verbündeter angewiesen zu sein. In der Folge müssen Landbesitzer je nach Einkommen mit leichter oder schwerer Bewaffnung zum Kriegsdienst antreten oder Kampfeinheiten aufstellen. Wer selbst nicht kämpfen kann, muss einen Ersatzmann schicken. Zusätzlich heuert Eduard Söldner an, die er aus Steuermitteln und mit Einkünften aus seinem Krongut bezahlt.

1346

Nordöstlich des französischen Dorfes Crécy branden am 26. August die Heere Eduards III. und Philipps VI. gegeneinander, in der ersten

IN DEN HEFTIG umkämpften Schlachten ist der Schutz des Körpers unerlässlich, vor allem für die berittenen Krieger. Zur Rüstung der meisten Kämpfer zählt lange das Kettenhemd, über dem die Panzerung getragen wird

ARCHAISCH und simpel anmutend, gerät der Langbogen dennoch vielfach zur gefechtsentscheidenden Waffe. Denn trainierte Krieger können damit mehr als 150 Meter weit schießen – und bis zu 15 Pfeile pro Minute

bedeutenden Feldschlacht des Hundertjährigen Krieges. Die etwa 10 000 englischen und walisischen Kämpfer treffen auf einen rund doppelt so starken Gegner. Doch etwa die Hälfte der englischen Streitmacht stellen Langbogenschützen: Im Hagel ihrer Pfeile zerbricht der Ansturm französischer Fußsoldaten und schwer gerüsteter Ritter. Philipp sieht Tausende seiner Kämpfer fallen und flieht schließlich, selbst getroffen, vom Schlachtfeld.

1347

Am 4. August nehmen die Truppen Eduards III. nach elfmonatiger Belagerung die nordfranzösische Hafenfestung Calais ein. Der König lässt die meisten Bewohner vertreiben und ersetzt sie durch Engländer. Eduard verfügt nun über einen Brückenkopf, um Kämpfer und Versorgung über den Kanal zu schaffen. Seine Truppen sind jedoch nach der langen Kampagne erschöpft. Am 28. September stimmt Eduard daher erneut einem Waffenstillstand zu.

1348

Februar. Die Pest erreicht im Februar die päpstliche Residenzstadt Avignon. Guy de Chauliac, Leibarzt des Heiligen Vaters und einer der berühmtesten Mediziner seiner Zeit, empfiehlt dem Papst, Kontakte zur Außenwelt zu reduzieren – und rettet ihm damit möglicherweise das Leben. Millionen andere aber rafft die Seuche, die sich von italienischen Hafenstädten aus verbreitet hat, dahin. Ihr Wüten bringt den Krieg für einige Jahre weitgehend zum Erliegen.

23. April. Wohl am Gedenktag des englischen Schutzpatrons Saint George gründet Eduard III. den Hosenbandorden, einen Ritterbund, dem zunächst 24 verdiente Veteranen der Schlacht von Crécy angehören. Nach dem Vorbild des Hosenbandordens erschafft Johann II., Nachfolger Philipps VI., vier Jahre darauf den Sternenorden. Die Aufnahme in diese exklusiven Runden soll die Elite des Landes an die Krone binden. Die Ordensmitglieder zelebrieren das Ideal des tapferen und tugendhaften Ritters, das in diesen Jahren eine Blüte erlebt. Zugleich aber verlieren die schwer gerüsteten adeligen Reiter militärisch an Bedeutung, die Schlachtfelder dominieren zunehmend andere Truppenteile wie Bogenschützen und Artillerie.

1355

Nachdem sich die Kriegsparteien in den Vorjahren vor allem kleine Scharmützel geliefert haben, bricht nun Eduard von Woodstock, genannt der Schwarze Prinz, zum verheerendsten Verwüstungszug des Hundertjährigen Krieges auf: Zwischen Bordeaux und Narbonne fallen der älteste Sohn Eduards III. und seine Kämpfer über mehr als 500 Ortschaften her, verbrennen Häuser und Ernten, plündern, vergewaltigen und töten. Diese *chevauchées* (frz. für Ausritte) genannten Terroraktionen gegen die Zivilbevölkerung setzt vor allem die englische Seite ein, um den Gegner zu demoralisieren und seine Wirtschaft zu schwächen.

SCHWERE metallene Spitzen prangen vorn an den schlanken Geschossen – und machen sie zur blutigen Gefahr für die Gegner. Sogar Panzerungen durchstoßen die Pfeile

1356

Südöstlich von Poitiers stellt Johann II. den Schwarzen Prinzen, der von einem weiteren Zerstörungszug auf dem Weg zurück nach Bordeaux ist. Die folgende Schlacht am 19. September gerät zum Desaster für den französischen König: Angesichts seiner fliehenden Kämpfer und vom Gegner umzingelt ergibt er sich auf dem Schlachtfeld dem Kronprinzen. Johann II. ist jetzt ein Gefangener, die französische Ritterschaft erneut düpiert. In der Bevölkerung wächst die Unzufriedenheit mit der adeligen Kriegerelite.

1358

Im Norden Frankreichs erhebt sich die Landbevölkerung gegen den Adel, der zwar Abgaben und Arbeitsdienste fordert, aber kaum Schutz vor den Terrorzügen der Engländer und marodierenden Söldnerhorden bietet. Die zornigen Bauern töten Dutzende Adelige, ehe ihr Aufstand blutig niedergeschlagen wird. Gut 20 Jahre später führen die Härten des Krieges auch in England zu einem Aufbegehren der Bauern. Die Rebellion entzündet sich an der Erhebung einer Kopfsteuer, eingeführt zur Finanzierung der Kämpfe auf dem Kontinent.

1359

Als Verhandlungen zwischen Gesandten Eduards III. und dem Dauphin, wie der Thronfolger in Frankreich genannt wird, zu scheitern drohen, landet Eduard am 28. Oktober in Calais. Mit rund 10 000 Mann marschiert er auf Reims, den traditionellen Krönungsort der französischen Könige. Möglich, dass Eduard, angespornt durch die Gefangennahme Johanns II., erstmals ernsthaft nach der französischen Krone greift. Ab dem 4. Dezember belagert er Reims, kann aber die Blockade nicht über die kalten Wintermonate aufrechterhalten und zieht sich zurück.

1360

In dem Dorf Brétigny schließen Vertreter des englischen Königs und des Dauphins am 8. Mai einen Vertrag: Er gesteht Eduard III. die volle Souveränität im erweiterten Herzogtum Aquitanien zu, das nun ein Gebiet von der Loire bis zu den Pyrenäen umfasst, ebenso wie in der Grafschaft Ponthieu und in Calais mit der umliegenden Grafschaft Guînes. Eduard herrscht damit uneingeschränkt über rund ein Drittel Frankreichs. Im Gegenzug verzichtet er auf die französische Königswürde. Für die Freilassung Johanns II. einigen die Parteien sich auf ein Lösegeld von drei Millionen goldene Écu, knapp das Doppelte der jährlichen Einnahmen der französischen Krone.

KRIEG UND BÜRGERKRIEG 1415–1429

ENGLANDS MONARCH nutzt den innerfranzösischen Streit zwischen dem Königshaus und den Herzögen von Burgund, erringt in dessen Schatten bei Azincourt einen großen Triumph, schließt bald sogar ein Bündnis mit den Burgundern – und gewinnt so mehr Einfluss in Frankreich als jemals zuvor

1362

Ein vom Parlament erlassenes Gesetz schreibt vor, dass an Gerichten in England fortan in englischer Sprache verhandelt werden soll statt auf Französisch. Auch unter den Adeligen, deren Muttersprache meist eine normannische Variante des Französischen ist, setzt sich nun zunehmend das Englische durch. Der Sprachwandel ist auch ein Resultat des erwachenden Nationalbewusstseins im Inselreich, geweckt durch den Krieg und die damit einhergehende Propaganda.

1365

Söldnertrupps tyrannisieren die französische Bevölkerung,

MIT DER HILFE DES ALLMÄCHTIGEN 1429–1444

AUCH DURCH DIE moralische Unterstützung der Bauerntochter Jeanne d'Arc, die sich als Gottes Gesandte begreift, erstarkt Frankreich abermals – und weil der englische Bund mit Burgund zerbricht. Bei Abschluss eines neuerlichen Waffenstillstands 1444 bleiben den Engländern nur noch Normandie und Gascogne

denn viele der Berufskämpfer sichern sich nach dem Friedensschluss von 1360 ihren Unterhalt durch Plünderung oder Schutzgelderpressung. Um die Marodeure loszuwerden, beauftragt Frankreichs neuer König Karl V. den Ritter Bertrand du Guesclin damit, sie zu versammeln und nach Spanien zu führen.

Dort befehdet der von Eduard III. unterstützte König von Kastilien sich mit einer Adelsopposition um seinen Halbbruder. So erreicht Karl ein weiteres wichtiges Ziel: Du Guesclin gelingt es, dem Halbbruder zur kastilischen Krone zu verhelfen und das Königreich damit als Alliierten für Karl zu gewinnen.

1368

Aquitanische Adelige klagen vor dem „Parlement", dem obersten Gericht in Paris, gegen die hohe Steuerlast im Herzogtum. Gemäß dem Vertrag von Brétigny liegt Aquitanien eigentlich außerhalb der Gerichtsbarkeit des Parlement, doch König Karl V. gibt der Klage statt: Da Eduard III. nicht, wie im Vertrag vorgeschrieben, alle seine Kämpfer aus Frankreich abgezogen habe, sei das Abkommen nichtig. Eine gewollte Provokation Karls, die den Krieg erneut aufflammen lässt. Im Juni des Folgejahres beansprucht Eduard III. wieder den Titel König von Frankreich.

1372

Mit dem französischen König verbündete Kastilier greifen am 23. Juni eine englische Flotte vor La Rochelle an und versenken oder erbeuten nahezu sämtliche Schiffe. Der Verlust der Flotte ist ein schwerer Schlag für Eduard III., denn die Segler sollten Verstärkung und Geld für die Werbung weiterer Kämpfer bringen. Mit den zusätzlichen Truppen wollte Eduard das Vordringen seines Gegners im Osten Aquitaniens stoppen. Südlich der Loire hat Eduard bereits weite Gebiete verloren.

1374

Die stark befestigte Stadt La Réole rund 50 Kilometer südöstlich von Bordeaux ergibt sich einem französischen Heer. Immer weiter sind die Truppen Karls V. in Eduards Festlandreich gedrungen, nun bleibt dem englischen König nur ein kleines Gebiet zwischen Pyrenäen und Garonne, dazu im Norden die Festungen Calais und Saint-Sauveur. Ein Erfolg nicht zuletzt der von Karl V. vorgegebenen und von Heerführern wie Bertrand du Guesclin geschickt ausgeführten Strategie, offene Feldschlachten zu vermeiden und den Gegner stattdessen in zahlreichen Scharmützeln aufzureiben.

1375

Mit schweren Eisenkanonen feuern französische Belagerer auf Saint-Sauveur in der Normandie, zertrümmern Dächer und Mauerwerk der Festung. Nach rund neun Monaten ergeben sich die Verteidiger, zermürbt auch vom unerbittlichen Artilleriebeschuss. Es ist das erste Mal, dass Kanonen den Ausgang einer Belagerung maßgeblich mitbestimmen. Bereits bei Crécy sollten Geschütze den Feind vor allem durch Rauch und Lärm verwirren. Erst jetzt aber entwickeln sie sich zu einer militärisch bedeutsamen Waffe.

1380

Karl V. stirbt am 16. September, ihm folgt sein erst elfjähriger Sohn als Karl VI. Drei Jahre zuvor ist Eduard III. verstorben und wurde von seinem zehnjährigen Enkel Richard II. beerbt. In beiden Königreichen sitzen somit Minderjährige auf dem Thron. Diese Schwäche der Krone nutzen mächtige Adelige in beiden Reichen, um Staatsgelder und Kämpfer für die Durchsetzung ihrer eigenen Interessen abzuziehen. In den Folgejahren gelingen daher keiner Seite bedeutende Vorstöße.

1389

In dem kleinen Ort Leulinghem nahe Calais schließen Gesandte des englischen und des französischen Herrschers im Juni einen Waffenstillstand. Beide Königreiche sind angesichts innerer Machtkämpfe und erschöpfter Staatskassen kaum in der Lage, den Kampf weiterzuführen. Den beiderseitigen Friedenswillen betont 1396 die Vermählung der Tochter Karls VI. mit Richard II.

1407

Am 23. November fallen in Paris Attentäter über Ludwig, Herzog von Orléans, her, den Bruder König Karls VI. Ausgesandt hat die Meuchelmörder Johann Ohnefurcht, Herzog von Burgund. 15 Jahre zuvor hat Karl den ersten Anfall einer Geisteskrankheit erlitten, die ihn über immer längere Phasen regierungsunfähig macht. Seither ringen die Burgunderherzöge, die im Osten des Landes über eine starke Machtbasis verfügen, und der Herzog von Orléans um die Oberhoheit im Königreich. Nach der Ermordung Ludwigs eskaliert der Machtkampf zum Bürgerkrieg. Ludwigs junger Sohn versammelt gegen die Burgunder eine Adelskoalition, die bald nach ihrem Anführer (und Schwiegervater des neuen Herzogs) benannt wird, dem Grafen von Armagnac.

1415

22. September. Die Hafenstadt Harfleur in der Normandie ergibt sich Heinrich V. Der englische König war im August mit rund 12 000 Mann in Frankreich eingefallen, wohl weil er die Schwäche des gespaltenen Königreichs nutzen will, um die Ansprüche seiner Vorgänger auf dem Kontinent durchzusetzen. Vielleicht hofft Heinrich auch, mit Kriegserfolgen dort das Ansehen seiner durch Usurpation an die Macht gelangten Dynastie zu steigern. Anders als Eduard III. hält Heinrich seine Truppen weitgehend von Plünderung und Brandschatzung ab, seinen künftigen Untertanen will er sich so als gnädiger Herrscher zeigen.

25. Oktober. Bei dem nordfranzösischen Dorf Azincourt erringt das Heer Heinrichs V. einen triumphalen Sieg über die zahlenmäßig überlegenen Truppen Karls VI. Doch Heinrich hat während des Feldzugs einen großen Teil seiner Männer durch Kampf und Krankheiten verloren. Zudem musste er Truppen zur Sicherung seiner Eroberungen wie der Hafenstadt Harfleur zurücklassen. Der englische König war daher bereits auf dem Rückzug, als das französische Heer ihm nahe dem Ort Azincourt den Weg versperrte. Im November setzt Heinrich nach England über.

1417

Heinrich V. kehrt zurück nach Frankreich: Am 1. August landet er mit seinem Heer nahe der Seinemündung und beginnt mit einem Eroberungszug durch die Normandie. Bis zum Sommer 1419 hat er nahezu das gesamte Herzogtum unter seine Kontrolle gebracht. Die höchsten Verwaltungsämter dort besetzt Heinrich mit verdienten englischen Kämpfern, die unteren Ränge jedoch stellen weiterhin Einheimische. Der Eroberer will so wohl das Vertrauen der Bevölkerung gewinnen.

GETRAGEN AM Gürtel, etwa 90 Zentimeter lang und gut ein Kilogramm schwer, ist das Schwert die Standardwaffe im Nahkampf. Zwei Techniken sollen dem Gegner Leid zufügen: das Stechen sowie das Schlagen mit der Schneide

WEIL SCHWERTHIEBE den verbesserten Rüstungen immer weniger anhaben können, verwenden manche Kämpfer die sogenannte Mordaxt (unten), eigens gestaltet, um Eisenpanzer aufzubrechen

1419

Anhänger des französischen Thronfolgers, mittlerweile Anführer der Adelsfraktion der Armagnacs, töten am 10. September den Herzog von Burgund, der im Vorjahr Paris und den psychisch kranken König unter seine Kontrolle gebracht hatte. Damit ist eine sich anbahnende Versöhnung der verfeindeten Lager unmöglich geworden, ebenso ein gemeinsames Vorgehen gegen die Engländer. Stattdessen schwört der Sohn und Nachfolger des Ermordeten Rache und nähert sich Heinrich V. an.

1420

Am 21. Mai wird in der Kathedrale von Troyes ein Vertrag beeidet, worin Karl VII. den englischen König Heinrich V. als seinen Erben nennt, ihm seine Tochter Katharina zur Frau gibt und ihn zum Regenten Frankreichs erklärt. Karl wird bis zu seinem Tod König bleiben, danach geht die französische Krone auf Heinrich und dessen Erben über. Demnach ist der seit 1328 immer wieder erhobene Anspruch des englischen Herrscherhauses auf den Thron in Frankreich nun tatsächlich durchgesetzt. Zudem besiegelt der Vertrag das Bündnis zwischen Heinrich und dem Herzog von Burgund. Vereint wollen sie gegen den enterbten Dauphin und seine Verbündeten kämpfen, die weiterhin große Teile Frankreichs kontrollieren und den Vertrag nicht anerkennen.

1422

Auf einer Burg bei Paris stirbt Heinrich V. im August an einer Krankheit, die er sich wohl während einer Belagerung zugezogen hat. Wenige Wochen darauf ist auch Karl VI. tot. Laut dem in Troyes geschlossenen Vertrag ist damit Heinrichs Sohn und Erbe auch neuer König von Frankreich. Für den nicht einmal einjährigen Heinrich VI. übernehmen jeweils Regenten die Regierungsgeschäfte in England und Frankreich. Viele Franzosen aber halten den Vertrag für ungültig, sie sehen im vormaligen Dauphin nun als Karl VII. ihren rechtmäßigen Herrscher.

Offiziell findet der KRIEG *nie ein* ENDE

1428

Im Oktober ziehen englische und burgundische Kämpfer einen Belagerungsring um Orléans. Das eigentliche Ziel des Koalitionsheeres aber ist das rund 100 Kilometer südöstlich von Orléans gelegene Bourges, neben Poitiers eine der Verwaltungshauptstädte der von Karl VII. beherrschten Gebiete in Zentralfrankreich sowie im Südosten. Das stark befestigte Orléans versperrt dem Heer den Übergang über die Loire und damit den Weg nach Bourges.

1429

März. In seiner Festung Chinon nahe der Loire empfängt Karl VII. die etwa 17-jährige Bauerntochter Jeanne d'Arc. Jeanne behauptet, in göttlichem Auftrag gekommen zu sein: Sie solle die Engländer aus Frankreich verjagen und Karl zur Krönung verhelfen (die traditionell dafür vorgesehene Stadt Reims halten die Burgunder besetzt). Offenbar kann Jeanne den König überzeugen. Mit einem Entsatzheer schickt Karl sie im April nach Orléans. Bestärkt von Mut und Leidenschaft der jungen Frau, gelingt es den Verteidigern der belagerten Stadt tatsächlich, die Angreifer zum Abzug zu zwingen.

17. Juli. Karl VII. wird in Reims zum König von Frankreich gesalbt. Jeanne hatte den Marsch auf den Krönungsort gefordert, um ihre göttliche Mission zu erfüllen. In Begleitung der „Jungfrau von Orléans" konnten Karls Truppen schnell nach Norden vorstoßen und in Reims einziehen. Doch nach dem ebenfalls von ihr forcierten und gescheiterten Versuch der Einnahme von Paris verliert Jeanne an Einfluss. Sie gerät schließlich bei einem Gefecht in burgundische Gefangenschaft. Der Herzog verkauft die angebliche Gottgesandte an die Engländer, die sie im Mai 1431 als Ketzerin verurteilen lassen und hinrichten.

1435

In Arras schließen Karl VII. und der Herzog von Burgund am 21. September einen Friedensvertrag, in dem der Herzog unter anderem Karl als legitimen König Frankreichs anerkennt. Karl erlässt dem Fürsten dafür die Leistung des Lehnseides und beteuert sein Bedauern für den Mord an dessen Vater. Damit endet der französische Bürgerkrieg. Zugleich ist die Allianz zwischen Burgund und England endgültig zerbrochen, König Heinrich VI. und seine Regenten verlieren so ihren mächtigsten Verbündeten in Frankreich.

1437

Karl VII. zieht am 12. November in Paris ein, im Jahr zuvor hatten seine Truppen die Hauptstadt eingenommen. Bis 1441 setzt Karl seine Herrschaft in der gesamten Île-de-France durch und kann in den Folgejahren auch im Süden weite Gebiete für sich gewinnen. Der englischen Seite fällt es indes zunehmend schwer, Truppen aufzustellen. Durch die Kriegsverheerungen sinken die Steuereinnahmen in der Normandie, Kämpfer zur Verteidigung der französischen Besitzungen müssen aus England finanziert werden, doch Misswirtschaft und die hohen Kriegskosten haben dort die Staatskasse weitgehend geleert.

1444

Knapp 30 Jahre nach dem Bruch der letzten Waffenruhe beschließen die Kriegsparteien in Tours erneut eine Kampfpause, sie beendet die längste Konfliktphase des Hundertjährigen Kriegs. Der Waffenstillstand wird bis 1449 immer wieder verlängert. In dieser Zeit reformiert Karl VII. die französische Armee: Wurden die Truppen zuvor überwiegend von den Adeligen seines Reiches aufgeboten und kommandiert, erschafft er nun ein System von Einheiten im ganzen Land, die ständig einsatzbereit sind und im Kriegsfall uneingeschränkt unter seinem Oberbefehl stehen. Zudem lässt er eine schlagkräftige Artillerie auf neuestem Stand der Technik ausbauen.

1450

Bei Formigny unweit der französischen Kanalküste zerschla-

DER LETZTE AKT 1449–1453

Quellen der Karten auf S. 85–93: Großer Historischer Weltatlas (BSV); William R. Shepherd, Historical Atlas; Anne Curry, Der Hundertjährige Krieg; David Nicolle, The Fall of English France 1449–53; Angelika Solibieda; u. a.

Königreich Frankreich
englischer Besitz in Frankreich

GEOEPOCHE-Karte

EINE MEHRJÄHRIGE Kampfpause nutzt Frankreichs König, um sein Militär zu reformieren – und seine Armee ist danach so schlagkräftig, dass sie den Feind binnen Kurzem endgültig besiegt. Den Engländern bleibt zwar noch der Stützpunkt Calais. Der Hundertjährige Krieg aber ist faktisch vorüber gen die Truppen Karls VII. am 15. April ein englisches Heer. Heinrich VI. verfügt damit über keine größeren Kampfverbände mehr in Nordfrankreich. Im August ergibt sich mit Cherbourg die letzte englische Bastion in der Normandie. In nur gut einem Jahr hat Karl das gesamte Herzogtum eingenommen. Der schnelle Durchmarsch gelang auch, weil die englische Regierung aus finanzieller Not Festungen nicht verstärkt und Garnisonen verkleinert hatte. Viele Einwohner sahen zudem in den Engländern keine effektive Schutzmacht mehr und liefen zu Karl über. Der zieht noch im Herbst 1450 mit einem Heer in die Gascogne, um auch das letzte große Gebiet unter englischer Kontrolle zu erobern.

1451

31. Juli. Karl VII. lässt Jacques Cœur verhaften, den mächtigen Finanzier der französischen Krone. In Karls Auftrag hatte er neben Luxusgütern auch Versorgung und Ausrüstung für dessen Soldaten beschafft, lieh dem König zudem große Geldsummen – und trug so maßgeblich zu Karls erfolgreicher Rückeroberung der Normandie bei. Der König aber häufte Schulden bei seinem bürgerlichen Geldgeber an, wohl der Grund, warum Karl nun böswillige Gerüchte zum Vorwand nimmt, um Cœur festnehmen zu lassen. Der einstige Günstling wird unter anderem wegen Unterschlagung zu Haft und Vermögenseinzug verurteilt, kann aber 1454 fliehen.

21. August. Mit der Stadt Bayonne fällt der letzte bedeutende Stützpunkt der Engländer in der Gascogne. Doch viele in der Region, die über Jahrhunderte in englischem Besitz stand, sehen die direkte Herrschaft des französischen Königs als Bedrohung, bald schon ersuchen lokale Adelige Heinrich VI. um Hilfe. Im Herbst 1452 landet ein englisches Heer unter dem legendären englischen Heerführer John Talbot an der gascognischen Küste und kann ohne großen Widerstand die Stadt Bordeaux und das Umland einnehmen.

FEUERWAFFEN erlangen im Lauf des Krieges zunehmend Bedeutung, vor allem große Geschütze bei Belagerungen. Schon früh kommen aber auch kleine Formen wie dieses knapp 20 Zentimeter lange Handrohr zum Einsatz

1453

Ein französisches Heer errichtet bei der Stadt Castillon am Fluss Dordogne ein mit Hunderten Kanonen bestücktes Lager. Zwar rückt John Talbot mit seinen Truppen von Bordeaux aus an, kann sich aber nicht gegen die zahlenmäßig überlegenen Franzosen und deren Artillerie durchsetzen: Am 17. Juli siegen die Truppen Karls VII. in der letzten großen Schlacht des seit 1337 andauern Konflikts. Am 19. Oktober fällt Bordeaux, über Jahrhunderte das Machtzentrum der englischen Herrschaft in Südwestfrankreich. Der endgültige Verlust der Gascogne gilt als das Ende des Hundertjährigen Krieges.

Der insgesamt 116 Jahre währende Kriegszustand zwischen den Königen von England und Frankreich wird nie offiziell durch einen Friedensvertrag beendet, manche Historiker bewerten allerdings ein 1475 von Eduard IV. und Ludwig XI. geschlossenes Abkommen, den Waffenstillstand von Picquigny, als eine Art Schlusspunkt des Hundertjährigen Krieges (der ab dem 19. Jahrhundert so genannt wird). Im Jahr 1558 fällt mit Calais schließlich die letzte englische Bastion auf dem Kontinent, die Monarchen von England und später Großbritannien führen aber weiterhin auch den Titel als König oder Königin von Frankreich. Erst Georg III. wird 1801 darauf verzichten, um einen Friedensvertrag mit der Französischen Republik unter Napoleon Bonaparte zu ermöglichen. Die langen Kriegsjahre haben in Frankreich die Entstehung eines zentralisierteren Staatswesens gefördert. Der König allein darf nun Truppen aufstellen, er verfügt über viele Tausend ständig einsetzbare Soldaten; eine effektivere Verwaltung zieht regelmäßig Steuern zur Unterhaltung der Armee ein, nicht mehr nur, wie zuvor, im Kriegsfall. Auf diese Machtkonzentration wird rund anderthalb Jahrhunderte später der französische Absolutismus aufbauen. In England dagegen ist die Autorität der Krone durch die hohen Kriegskosten und die Niederlage beschädigt, beides trägt kurz darauf zum Ausbruch eines Bürgerkriegs bei, der das Königreich drei Jahrzehnte lang erschüttert.

Im Inselreich wie auf dem Kontinent haben die Herabwürdigung des Gegners und die Verherrlichung eigener Siege ein frühes Nationalempfinden geschaffen. Was als Fürstenfehde begann, entwickelte sich mehr und mehr zu einem Krieg zweier in Entstehung begriffener Nationen – und spielt auch eine Rolle bei der mitunter heute noch bestehenden Rivalität zwischen England und Frankreich. ◊

1407
Bürgerkrieg
KAMP
PAR

Lesezeichen zum Herausnehmen

ZERRISSENES LAND: Unzählige, oft erbitterte Gefechte erschüttern Frankreich im Hundertjährigen Krieg. Diese mittelalterliche Buchmalerei zeigt die Schlacht von Pontvallain 1370, in der die Franzosen die Engländer zum ersten Mal im Feld besiegen können

Fehlt hier das

GEO**EPOCHE** LESEZEICHEN?

Schreiben Sie an:

briefe@geo-epoche.de

ZANKAPFEL PARIS: Die Hauptstadt ist der Schlüssel zur Macht in Frankreich. Mehrfach wechselt sie im Bürgerkrieg den Besitzer. Hier einziehende Truppen 1418

Zu Beginn des 15. Jahrhunderts rivalisieren zwei Adelshäuser um die Macht am französischen Hof. Als Attentäter den Führer der einen Seite auf offener Straße ermorden, eskaliert der Konflikt: Die Bluttat stürzt Frankreich in einen erbitterten Bürgerkrieg – und lässt Paris selbst zum Schlachtfeld werden

TEXT: *Mathias Mesenhöller*

PARIS, 23. NOVEMBER 1407, GEGEN 20.00 UHR. Gemächlich lenkt ein Reiter sein Pferd durch die Rue Vieille-du-Temple. Er ist vornehm gekleidet, trägt ein Gewand aus schwarzem Damast, indes trotz des kühlen Abends keine Kappe. Einige Diener leuchten mit Fackeln den Weg. Eine Schustersfrau, die einen Moment lang aus ihrem Fenster blickt, meint zu beobachten, dass der adelige Herr leise vor sich hinsingt.

Kurz darauf hört sie Lärm und laute Stimmen, eilt zurück zum Fenster. Offensichtich vom Pferd gezerrt, kniet der Reiter auf der Straße, maskierte Männer umringen ihn, Schwerter und Äxte in der Hand. Er ruft etwas, schützt sich mit dem Arm. Erbarmungslos hauen und stechen die Angreifer zu, er bricht zusammen – da schreit die Frau mit aller Kraft: „Mord! Zu Hilfe!"

Einer der Maskierten wendet sich im Fackelschein zu ihr hin: „Still, verdammtes Weib!" Momente später tritt aus einem Hauseingang ein großer Mann, dessen Gesicht sich unter einer roten Kapuze verbirgt: „Er ist tot. Wir gehen."

Die Attentäter fliehen die Straße hinab, löschen ihre Lichter in der Gosse und verschwinden in der Dunkelheit.

Nur eine fallen gelassene Fackel bleibt zurück. Sie flackert neben dem blutigen Körper des Reiters. Am linken Arm fehlt die Hand, aus dem rechten ragt der Knochen. Der Schädel ist zweimal tief gespalten. Nahebei liegt klagend sein Knappe im Sterben.

Leute laufen herbei. Ein Nachbar erkennt die Leiche – und ruft es entsetzt heraus: Der Tote ist Herzog Ludwig von Orléans. Der Bruder König Karls VI. und zweitmächtigste Mann Frankreichs nach dem Monarchen selbst.

BIS 1380 gewinnt Frankreichs König die Oberhand im Ringen mit den Engländern. In einem zähen Kleinkrieg drängt Karl V. den Gegner zurück. Kluge Amtsträger führen die Regierung und vergrößern den Staatsschatz, wenn auch um den Preis drückender Steuern. Da stirbt überraschend der König und hinterlässt den Thron einem Minderjährigen (Ansicht der im 14. Jahrhundert erbauten Pariser Stadtmauer)

Noch am Abend befiehlt der Thronrat dem Vogt von Paris, die Stadttore zu schließen und nach den Mördern zu suchen. Da kursiert bereits ein Verdacht: Sinnlich und hochmütig, war Ludwig von Orléans bekannt für seine Affären mit den Frauen anderer Männer. Nun fällt der Name eines von ihm öffentlich gehörnten Ritters.

Der ermittelnde Vogt aber will davon nichts wissen. Er ist früh überzeugt, dass hinter dem Anschlag ein politisches Komplott steht.

Und er behält recht.

Als die Wahrheit ans Licht kommt, erschüttert sie das Königreich. Sie offenbart einen mit Täuschung und Gewalt, in Schreibstuben, Schlachtreihen und dunklen Gassen so brutal wie tückisch ausgetragenen Kampf. Ein Spiel um die Macht, das in einen Bürgerkrieg mündet, Frankreich zerreißen und gegenüber England beinahe tödlich schwächen wird.

Denn der Mord in der Rue Vieille-du-Temple ist kein Eifersuchtsdrama, sondern das Werk eines Fürsten von ungewöhnlichem politischen und militärischen Geschick, dessen Wagemut, moralische Kälte und Brutalität ein ganzes Land und am Ende ihn selbst ins Unglück stürzen werden.

Zwei Tage nach der Bluttat bittet der Stadtvogt, die Wohnpaläste der engsten Verwandten des Königs durchsuchen zu dürfen. Ohne Bedenken stimmen die Herzöge von Anjou, Berry und Bourbon zu. Einer jedoch zögert.

Herzog Johann von Burgund.

I.
Der verrückte König

Reims, 4. November 1380. Unter feierlichen Gesängen wird in Frankreichs Krönungskathedrale ein neuer König gesalbt: Karl VI. Der Herrscher ist von gefälligem Äußeren, hoch aufgeschossen – indes erst elf Jahre alt.

Deshalb hat sein jung gestorbener Vater testamentarisch einen Rat aus verdienten Amtsträgern eingesetzt, die für den Minderjährigen regieren sollen. Zu Karls persönlichen Vormündern gegenüber diesen Regenten werden traditionsgemäß seine Onkel berufen, die Herzöge von Anjou, Berry, Bourbon und Burgund.

Binnen weniger Wochen aber reißen die Onkel das Regiment an sich, vertreiben die Räte und ersetzen sie durch eigene Leute. Denn alle vier Herzöge haben luxuriöse Leidenschaften oder politische Ambitionen, für die sie nun den Staatsschatz plündern. Am zielstrebigsten geht Philipp von Burgund vor, genannt der Kühne, Herr über ein großes Herzogtum im Osten Frankreichs, zudem der designierte Erbe für eine Reihe weiterer Herrschaften. Die bedeutendste von ihnen ist die Grafschaft Flandern:

KARL VI., »DER WAHNSINNIGE«. Nach seiner Volljährigkeit handelt der junge Herrscher so entschlossen wie sein Vater – bis er gemütskrank wird, nur noch sporadisch regierungsfähig ist. Ein Kampf um die Macht hinter dem Thron entbrennt

Durch seine blühenden Kaufmannsstädte wie Brügge und Gent ist das Territorium eine der reichsten Gegenden Europas.

Der Herzog setzt das Geld der Krone ein, um weitere Herrschaften zu gewinnen, seine Kinder vorteilhaft zu verheiraten, prunkvoll Hof zu halten, Burgunds Armee und Verwaltung auszubauen.

Erst 1388, mit 20 Jahren, vermag Karl VI. den Onkeln die Macht abzutrotzen und die ursprünglich mit der Regentschaft betrauten Amtsträgern zurückzurufen: zumeist bürgerliche Gelehrte, Vertreter eines starken Königtums gegenüber den Feudalherren.

Murrend nehmen die ehemaligen Vormünder es hin, akzeptieren die dynastische Hierarchie. Und als Karl sie im Sommer 1392 ruft, folgen Philipp der Kühne und der Herzog von Berry dem Neffen widerwillig, aber gehorsam auf einen Feldzug gegen einen unbotmäßigen Lehnsmann in die Bretagne.

Am 5. August schleppt sich das französische Heer über eine glühend heiße, sandige Ebene nahe Le Mans. Um dem aufgewirbelten Staub zu entgehen, reitet der König dem Zug ein Stück voraus. Einem dösenden Knappen entgleitet eine Lanze und schlägt scheppernd gegen den Helm eines anderen.

Da zieht Karl das Schwert, schreit „Vorwärts gegen die Verräter!" und jagt auf eine Gruppe Reiter um seinen Bruder Ludwig und Philipp den Kühnen zu. Beide weichen erschrocken aus, andere Männer jedoch schlägt der König nieder. Wendet, greift weitere an. Die sich ducken, allenfalls den Schild hochreißen: Niemand wagt es, die Waffe gegen den rasenden Monarchen zu erheben. Immer neue Angriffe reitet er gegen seine Leute. Endlich kann ein Vertrauter ihn von hinten umklammern, entwinden seine Gefährten dem König das Schwert. Heben ihn vorsichtig vom Pferd. Mit rollenden Augen liegt Karl VI. auf der Erde. Wohl fünf Männer sind tot, erschlagen vom eigenen Herrn.

Bald kursieren Gerüchte, der König sei vergiftet worden. Noch wahrscheinlicher aber: verhext!

Von Natur aus nüchtern, bestellt Philipp der Kühne lieber Karls Leibärzte ein. So erfährt er, dass sein Neffe seit Längerem geistig labil scheint. Vermutlich ein von der Mutter ererbtes Leiden. Die Mediziner empfehlen, den Patienten nicht zu belasten; Muße sei die beste Therapie.

Der Herzog hört aufmerksam zu. Vielleicht ist die Macht doch noch nicht verloren.

Abgeschirmt von den Regierungsgeschäften, erholt sich Karl VI. nach und nach – bis im folgenden Juni die

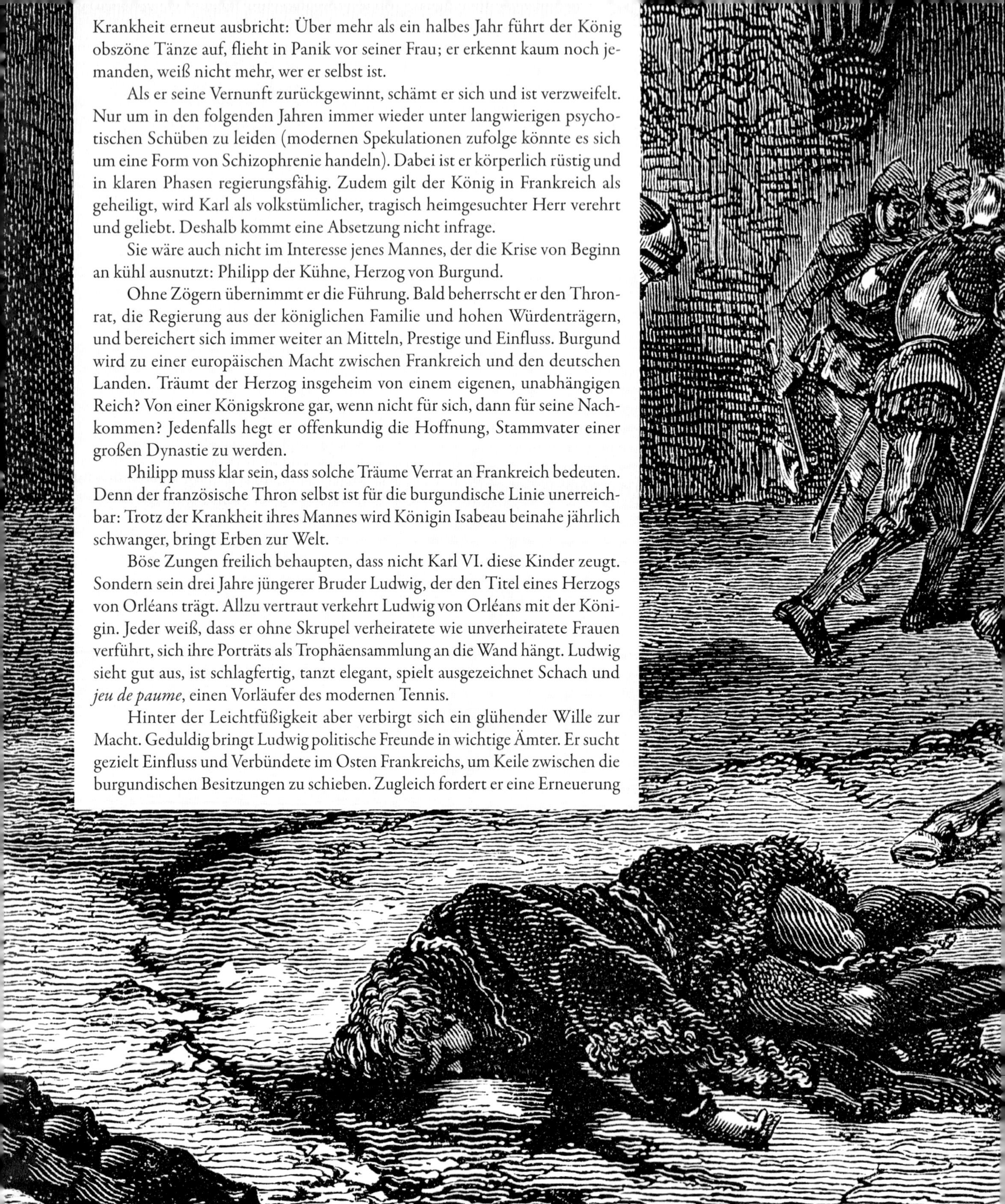

Krankheit erneut ausbricht: Über mehr als ein halbes Jahr führt der König obszöne Tänze auf, flieht in Panik vor seiner Frau; er erkennt kaum noch jemanden, weiß nicht mehr, wer er selbst ist.

Als er seine Vernunft zurückgewinnt, schämt er sich und ist verzweifelt. Nur um in den folgenden Jahren immer wieder unter langwierigen psychotischen Schüben zu leiden (modernen Spekulationen zufolge könnte es sich um eine Form von Schizophrenie handeln). Dabei ist er körperlich rüstig und in klaren Phasen regierungsfähig. Zudem gilt der König in Frankreich als geheiligt, wird Karl als volkstümlicher, tragisch heimgesuchter Herr verehrt und geliebt. Deshalb kommt eine Absetzung nicht infrage.

Sie wäre auch nicht im Interesse jenes Mannes, der die Krise von Beginn an kühl ausnutzt: Philipp der Kühne, Herzog von Burgund.

Ohne Zögern übernimmt er die Führung. Bald beherrscht er den Thronrat, die Regierung aus der königlichen Familie und hohen Würdenträgern, und bereichert sich immer weiter an Mitteln, Prestige und Einfluss. Burgund wird zu einer europäischen Macht zwischen Frankreich und den deutschen Landen. Träumt der Herzog insgeheim von einem eigenen, unabhängigen Reich? Von einer Königskrone gar, wenn nicht für sich, dann für seine Nachkommen? Jedenfalls hegt er offenkundig die Hoffnung, Stammvater einer großen Dynastie zu werden.

Philipp muss klar sein, dass solche Träume Verrat an Frankreich bedeuten. Denn der französische Thron selbst ist für die burgundische Linie unerreichbar: Trotz der Krankheit ihres Mannes wird Königin Isabeau beinahe jährlich schwanger, bringt Erben zur Welt.

Böse Zungen freilich behaupten, dass nicht Karl VI. diese Kinder zeugt. Sondern sein drei Jahre jüngerer Bruder Ludwig, der den Titel eines Herzogs von Orléans trägt. Allzu vertraut verkehrt Ludwig von Orléans mit der Königin. Jeder weiß, dass er ohne Skrupel verheiratete wie unverheiratete Frauen verführt, sich ihre Porträts als Trophäensammlung an die Wand hängt. Ludwig sieht gut aus, ist schlagfertig, tanzt elegant, spielt ausgezeichnet Schach und *jeu de paume*, einen Vorläufer des modernen Tennis.

Hinter der Leichtfüßigkeit aber verbirgt sich ein glühender Wille zur Macht. Geduldig bringt Ludwig politische Freunde in wichtige Ämter. Er sucht gezielt Einfluss und Verbündete im Osten Frankreichs, um Keile zwischen die burgundischen Besitzungen zu schieben. Zugleich fordert er eine Erneuerung

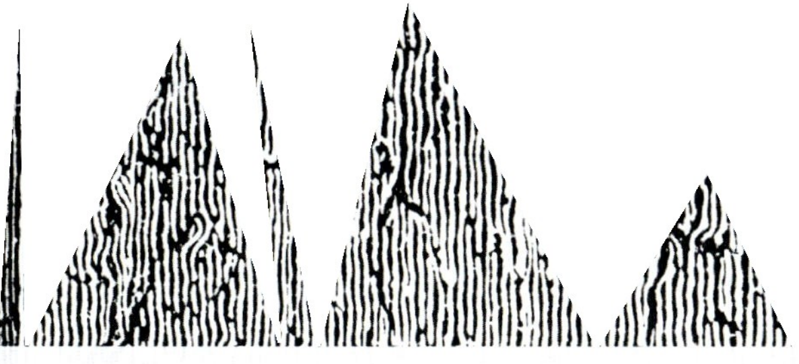

des Krieges gegen England – während Philipp der Kühne eine langfristige Waffenruhe aushandelt: Der Reichtum seiner flämischen Untertanen beruht auf dem Import englischer Wolle und dem Export fertig gewebten Tuches. Doch bevor die Rivalität zwischen Ludwig und seinem Onkel vollends ausbricht, erliegt der Herzog von Burgund Ende April 1404 im Alter von 62 Jahren einer Grippe.

Der König ist zu der Zeit „abwesend“, wie der Hof es taktvoll nennt, wenn Karl VI. sich über Wochen weigert, ein Bad zu nehmen, auch nur die Kleidung zu wechseln. Oder in einer Ecke kauert und wähnt, er sei aus Glas und könne jeden Moment zerbrechen.

II.
Der Mord

Binnen Wochen nach dem Tod Philipps des Kühnen erobert Ludwig von Orléans die Macht. Er bringt den Willen mit, das Geschick, ist der Bruder des Königs und kann auf dessen ihm ergebene Gattin zählen, auf seine Gefolgschaft in den Ämtern. Gewaltige Summen aus regulären Erträgen und neuen Steuern fließen nun in seine Truhen. Ein strahlender Ersatzkönig.

Sein 32-jähriger Cousin Johann, der derweil das Erbe Philipps in Burgund antritt, mag es wie meist wortkarg aufnehmen. Die Augen unter schweren Lidern halb geschlossen, eher klein gewachsen, der Kopf im Verhältnis zu groß, der Gang unbeholfen, wirkt Johann von Burgund oft gehemmt.

ENDE NOVEMBER 1407 wird auf offener Straße Ludwig von Orléans erschlagen, der Bruder des Königs. Er hatte nach dem Tod Philipps des Kühnen dessen beherrschende Stellung eingenommen. Der Auftraggeber des Mordes bleibt nicht lange verborgen

Einst hat er als Kreuzfahrer nach einer verlorenen Schlacht zusehen müssen, wie die Sieger seine gefangenen Gefährten grausam hinrichteten. Ihn selbst und wenige andere rettete ihre hohe Geburt, die dem Sultan gewaltiges Lösegeld verhieß. Seit damals, möglicherweise auch erst später, trägt er den Beinamen Ohnefurcht.

Mit seinem Vater verbinden Johann Ohnefurcht Ehrgeiz und Entschlossenheit, indes fehlt ihm dessen diplomatischer Charme, das gewinnende Lächeln im rechten Moment. Auch geht ihm Besonnenheit ab. Er macht beides wett mit Schläue, Härte und Gewalt.

Anfang 1405 tut der neue Herzog einen ersten Schritt, um Burgunds Einfluss in Paris zumindest teilweise wiederherzustellen. Er bekundet Mitleid für das Volk, das unter den neuen Steuern ächze.

Mitte August marschiert Herzog Johann dann mit rund 1000 Schwerbewaffneten auf die Hauptstadt. Der König ist „abwesend“, Ludwig von Orléans mit knapper Not geflohen, um so schnell wie möglich eigene Truppen auszuheben. Mit einem Handstreich bringt Johann den achtjährigen Kronprinzen in seine Gewalt, als Faustpfand.

Mitglieder der königlichen Familie und Vertreter der Universität vermitteln zwischen den rivalisierenden Vettern; für das immer noch kriegsversehrte Land wäre ein Waffengang zwischen ihnen eine Katastrophe.

Derweil verschlingt Johanns auf fast 5000 Ritter angewachsene Armee

PHILIPP DER KÜHNE, Herzog von Burgund. Machtbewusst und klug zieht er über Jahre in Paris die Fäden. Und baut mit Mitteln der Krone seinen Besitz zu einem Staat im Staate aus, der aus reichen Landschaften zwischen der oberen Loire und der Nordsee besteht

zwar mit jedem Verhandlungstag ein Vermögen, aber der Einsatz lohnt sich: Im Herbst einigt er sich mit Ludwig auf mehr Macht und Geld, man schwört sich wechselseitig Frieden und rüstet ab.

Doch schon bald muss Johann Ohnefurcht einsehen, dass er sich hat täuschen lassen. Im Thronrat und am Hof dominieren weiter Ludwigs Gefolgsleute, während Burgunder von einflussreichen Posten ausgeschlossen bleiben. Zugesicherte Mittel der Krone werden nie ausgezahlt. Ludwigs fortgesetzte Kriegspolitik gegenüber England lässt den flandrischen Handel leiden. Und weiterhin sucht der Herzog von Orléans Verbündete in Burgunds

DER MORD an Ludwig von Orléans spaltet Frankreich. Seine Angehörigen betrachten ihn als Märtyrer. Die Mörder nennen ihn einen Tyrannen und Verräter. Bald rüsten beide Seiten zum Krieg. Nach ihren führenden Häusern werden die verfeindeten Parteien, die um die Macht in Paris (hier eine spätmittelalterliche Stadtansicht) ringen, »Burgunder« und »Armagnacs« genannt

Nachbarschaft, fördert Unruhen in dessen Einflussbereich. Von allen Seiten, so muss es Johann Ohnefurcht erscheinen, behindert und bedrängt ihn der beinahe allmächtige Cousin.

Paris, nahe den Königspalästen, Mitte November 1407. Marie Fouchier ist die Frau eines Baumeisters und Hauswirtin. Der neue Mieter, mit dem sie eben handelseinig geworden ist, nennt sich Jean Cordelant, eigenem Bekunden nach Gelehrter der Universität. Er ist ungewöhnlich groß, spricht ein feines Französisch. Cordelant hinterlegt einen Teil der Miete vorab und erhält dafür die Schlüssel zu einem Haus an der Rue Vieille-du-Temple.

In Wahrheit heißt der Mann in der braunen Gelehrtenkutte Raoul d'Anquetonville und ist ein Ritter aus der Normandie. In Paris hält er sich auf, weil Johann von Burgund jene Entscheidung getroffen hat, vor der er zwei Jahre zuvor noch zurückgeschreckt ist: Er wird seine Ansprüche mit Gewalt durchsetzen. Anquetonville ist ein bezahlter Mörder.

Rund eine Woche später, am Abend des 23. November, besucht Ludwig von Orléans die Königin in ihrem Palais. Gegen 19 Uhr erscheint ein Bote und ruft den Herzog zum König. Da sein Bruder nur wenige Straßen entfernt residiert, bricht Ludwig auf, ohne auf eine bewaffnete Eskorte zu warten.

Doch die Nachricht stammt nicht von Karl VI. Begleitet von einer Handvoll Diener, reitet Ludwig in eine Falle. Vor dem Haus in der Rue Vieille-du-Temple tauchen knapp 20 Bewaffnete aus der Dunkelheit auf, greifen die kleine Gruppe sofort an. Minuten später liegt der Herzog von Orléans tot auf dem Pflaster.

Am Morgen nach dem Anschlag versammelt sich die königliche Familie in einer Klosterkirche, um Abschied von dem aufgebahrten Ludwig von Orléans zu nehmen. Darunter der verzweifelte zwölfjährige Sohn des Ermordeten. Johann von Burgund drückt scheinheilig das allgemeine Gefühl aus: Niemals sei in Frankreich ein so böswilliger und verräterischer Mord geschehen.

Vermutlich misstraut der ermittelnde Stadtvogt Johann Ohnefurcht da schon. Aus Spuren und Zeugenaussagen gelingt es ihm, den Fluchtweg der Attentäter zu rekonstruieren, bis sich die Fährte etliche Quartiere westlich des Tatorts verliert. In unmittelbarer Nähe zum Stadtpalais der Herzöge von Burgund.

Der genaue Ablauf ist unklar, aber offenkundig bittet der Vogt am zweiten Tag die Herzöge um Erlaubnis, ihre Residenzen durchsuchen zu dürfen, ohne seinen konkreten Verdacht aufzudecken. Daraufhin bekennt Johann den Herzögen von Berry und Anjou im Vertrauen, dass er den Anschlag in Auftrag gegeben hat – vielleicht versteckt sich Anquetonville noch bei ihm und will der Herzog seiner Entdeckung zuvorkommen; möglicherweise hofft er, seine Verwandten zu Komplizen zu machen. Doch die wenden sich entsetzt von ihm ab.

UNRUHEN IN PARIS. Um seine Rivalen einzuschüchtern, wiegelt der Herzog von Burgund das Volk auf. Als er jedoch die Kontrolle über die Rebellen verliert, muss er selbst aus der Stadt fliehen. Die Armagnacs werfen den Aufruhr nieder und errichten an der Seine ein Terrorregime

Als sie ihm am nächsten Tag den Zutritt zum Thronrat verwehren und Johann weitere Sanktionen befürchten muss, flieht der mit einigen Gefolgsleuten aus der Stadt Richtung Osten. Am Flusslauf der Oise zerstört der Trupp eine Brücke hinter sich. Wenig später muss hier eine Schar von rund 100 Getreuen des Hauses Orléans die Verfolgung abbrechen. Im Dunkel der Nacht, nach rund 150 Kilometern im Sattel, erreicht der Herzog burgundisches Territorium.

Hat er wirklich erwartet, unentdeckt zu bleiben? Dass die anderen Herzöge zu ihm überlaufen? Oder hat er vor Wut und Not gar nicht weitergedacht als bis zur Vernichtung seines Feindes?

Jedenfalls wählt Johann nun einen tollkühnen Ausweg. Statt um Gnade zu bitten und wenigstens seine Schergen auszuliefern, lässt er eine Gruppe Juristen und Theologen eine flammende Anklageschrift verfassen – gegen den Herzog von Orléans. Ludwig habe die Staatskasse geplündert, das Volk geschröpft, mit den Engländern paktiert, ja mit Zauberei und Teufelsschwüren den eigenen Bruder überhaupt erst in den Wahnsinn gestürzt, also: Hochverrat begangen. Ihn umzubringen sei kein Verbrechen gewesen, sondern ein Dienst an König und Reich.

Der Winter, in dem Johanns Gelehrte ihre Theorie vom politisch gerechtfertigten Tyrannenmord ausarbeiten, wahre und falsche Vorwürfe zusammentragen, ist einer der kältesten seit Menschengedenken. Die Tinte gefriert im Fass und an der Feder, der Wein im Becher. Die verschneiten Straßen sind unpassierbar.

Als sie wieder freitauen, begibt sich Johann unter dem Schutz von mehreren Hundert Bewaffneten nach Paris. Bei seinem Einzug jubeln die Menschen ihm zu. Denn im Volk waren Orléans und seine Steuereintreiber verhasst.

Dann tritt der Herzog von Burgund im Königspalast vor die Großen des Reiches. Er trägt einen prächtigen rotsamtenen Mantel mit golden besetzten Ärmeln. Rutschen sie zurück, wird darunter ein Panzerhemd sichtbar. Die Drohung ist für alle Anwesenden eindeutig: Diesmal ist Johann Ohnefurcht bereit zum Bürgerkrieg.

Seine Gegner hingegen sind eingeschüchtert, führerlos, uneins. Einen Tag später spricht der Thronrat den Mörder Ludwigs von Orléans frei. Möglicherweise gibt die Stimme des in diesen Tagen zwischen Wahn und Klarheit schwankenden Königs selbst den Ausschlag.

Anschließend macht sich Johann Ohnefurcht daran, den Widerstand der Verwandten und Anhänger Ludwigs zu brechen, die Macht im Thronrat an sich zu bringen, Staatsdiener zu vertreiben, die seiner Fraktion feindlich gegenüberstehen.

Mitte Oktober 1409 lässt er einen der führenden Räte und Helfer seines ermordeten Rivalen öffentlich hinrichten, das abgeschlagene Haupt auf eine Lanze stecken und triumphal ausstellen.

Der Herzog von Burgund ist Herr in Paris.

III. Bürgerkrieg um Paris

Wer Frankreich beherrschen will, muss Paris kontrollieren, das dortige Obergericht und Schatzamt, den königlichen Hof, nicht zuletzt die rund 200 000 Einwohner der größten Stadt Europas.

Doch umgekehrt beherrscht, wer Paris kontrolliert, deshalb noch lange nicht Frankreich.

So kann sich Johann Ohnefurcht zwar auf die Kapitale, ihre steuermüden Kaufleute und Handwerker stützen, auf seine Stammlande im Norden und Osten. Im Süden und Westen Frankreichs indes, zudem beim alten Feudaladel sowie unter den erniedrigten Karrierebeamten in Paris gilt ein Befehl des Herzogs von Burgund wenig.

1410 schließen sich die mächtigsten seiner Gegner in Gien an der Loire zusammen. Ihre Führung übernimmt für Ludwig von Orléans' jungen, auf Rache sinnenden Sohn dessen künftiger Schwiegervater, Graf Bernard von Armagnac. Bald überträgt sich sein Name auf die ganze antiburgundische Partei: „Armagnacs".

Während einer klaren Phase im Sommer verbietet Karl VI. seinen Untertanen, für oder gegen irgendjemanden die Waffen zu ergreifen. Allein, die Autorität des Königs ist längst eine Chimäre. Beide Seiten rufen ihre Vasallen zusammen, rekrutieren Söldner. Im Herbst rücken sie vor.

Der Bürgerkrieg ist da.

Fast drei Jahre ringen die Armeen, belauern einander, plündern Dörfer und Klöster, belagern Städte, äschern sie ein. Waffenstillstände geben den Menschen Hoffnung, werden gebrochen, unaufrichtig erneuert, Bündnispartner wechseln die Seiten. Mehrfach landen englische Truppenkontingente in Frankreich, leisten gegen Geldzahlungen mal dieser, mal jener Partei Waffenhilfe. Auch deshalb bleibt eine Entscheidung aus.

Anfang 1413 gibt Johann Ohnefurcht zwar weiter den Ton in Paris an, muss aber zunehmend mit einem neuen Gegenspieler rechnen: Ludwig, der 16-jährige Sohn und Thronfolger Karls VI., fordert selbstbewusst Mitsprache, umgibt sich demonstrativ mit Armagnacs.

Johann wagt nicht, offen gegen den Thronfolger aufzutreten. Zu schwach ist seine dynastische Position. Zu offensichtlich wäre, dass es ihm nicht um Frankreich geht, sondern um Burgund. Um sich.

Paris, Rue Saint-Antoine, 28. April 1413. Tausende Menschen strömen erregt die Straße hinab, viele bewaffnet, darunter eine große Zahl Fleischer. Es nicht der erste Aufruhr in der Hauptstadt, die seit Jahren vom Bürgerkrieg in einer Art fiebrigem Belagerungszustand gehalten wird – und nicht zum ersten Mal spielt die Gilde der Metzger dabei eine führende Rolle.

Denn die Fleischer beliefern die Vornehmen und Reichen, verdienen gut und haben Einfluss bei abhängigen Gewerken wie Abdeckern, Innereienverkäufern oder Gerbern. Zugleich aber sind sie aufgrund ihres rohen Handwerks wenig geachtet, für die etablierten Bürger Außenseiter.

Johann Ohnefurcht bildet eine Ausnahme unter den adeligen Herren, indem er die Metzger offen hofiert, der Gilde regelmäßig Fässer mit burgundischem Wein stiftet. Nun sind auch etliche Männer seines ausgedehnten Haushalts in der aufgebrachten Menge zu sehen.

Sie versammelt sich vor dem Palais des Thronfolgers. Gerüchte schwirren durch die Reihen: Prinz Ludwig stehe unter dem Einfluss korrupter Adeliger, führe ein sittenloses Leben, gefährde den Staat.

FEINDE DER ARMAGNACS unter den Bürgern öffnen Ende Mai 1418 bei Nacht eines der Pariser Stadttore. Burgundische Truppen strömen zurück in die Kapitale. Nahezu kampflos nehmen sie die Paläste ein, verhaften viele der gegnerischen Führer

Der Thronfolger zeigt sich an einem Fenster und versucht, die Leute zu beruhigen. Als ihm ein Wortführer eine Liste mit 50 Namen vermeintlicher Verräter aus seinem Hofstaat reicht, verspricht er, sie zu prüfen – da brechen die vordersten Meuterer bereits die Pforten des Palais auf, die Masse drängt hinein, schwärmt durch Korridore und Säle, nimmt hochrangige Armagnacs fest, schleppt sie fort. Ein Hofnarr, ein Sekretär und einige Passanten werden im Tumult getötet.

Noch während die Marodeure wüten, bietet sich Johann Ohnefurcht als Vermittler an. Es ist ein falsches Spiel, das Ludwig rasch durchschaut: Der Herzog von Burgund will einen Aufstand friedlich beenden, den er insgeheim fördert – um so den Thronfolger und seinen Hofstaat gefügig zu machen. Allein, Ludwig findet zunächst kein Mittel gegen die Intrige. Selbst wenn er genug Soldaten hätte, könnte er sie nicht ohne Weiteres gegen Untertanen seines Vaters einsetzen, die vorgeblich nur die Krone schützen wollen.

Bis Johann die Kontrolle entgleitet. Statt es beim Druck auf den Thronfolger zu belassen, greifen die Metzger auch den Hofstaat der Königin an, setzen ihre wilden Verhaftungen fort, fordern wolkig eine gerechte, ehrliche Regierung „nach den alten Sitten". Bald fliehen verängstigte Adelige und Würdenträger aus der Stadt. Die Rebellen setzen eine Zwangsanleihe von reichen Bürgern durch, richten erste Gefangene hin. Zunehmend hilflos laviert Johann Ohnefurcht zwischen seinen geheimen Verbündeten und der wachsenden Zahl derjenigen, die nach Ordnung rufen.

Vor allem das wohlhabende Bürgertum, die Universität, die Kirche wenden sich gegen den Aufruhr. Anfang August kann der Thronfolger mit Hilfe bewaffneter Bürger die Gefangenen befreien, die Metzger zur Aufgabe zwingen, ihre Anführer vertreiben. Kurz darauf rückt eine Armagnac-Armee in Paris ein.

Nun bringt sich auch Johann Ohnefurcht in Sicherheit. Erneut verlässt er die Hauptstadt in eiliger Flucht Richtung Flandern. Binnen weniger Wochen hat er verspielt, was er über Jahre erworben hatte.

IV. Der Triumph des Hauses Burgund

Wovon träumt Herzog Johann? Von der Macht in Paris? Von einem eigenen, burgundisch-niederländischen Königreich? Vermutlich könnte er es selbst nicht sagen. Nutzt er seine Chancen, wo sie sich bieten.

Wie schon sein Vater tritt Johann von Burgund mitunter gleich einem unabhängigen Monarchen auf, nicht wie ein französischer Lehnsmann. Aber um sich dauerhaft zu behaupten, möglichst weitere Landstriche zu gewinnen, braucht auch er das Geld oder die Unterstützung Frankreichs. Oder einer anderen Macht.

Ende Oktober 1415 vernichtet ein englisches Heer unter Heinrich V. bei Azincourt das französische Aufgebot (siehe Seite 112). Zu den Gefallenen und Gefangenen zählen viele führende Armagnacs.

Bernard von Armagnac selbst war indes nicht bei dem Heer und steigt nun in Paris zum starken Mann auf, hält die Stadt mit Terror im Griff.

Derweil setzt ein internationales Ränkespiel ein, dessen Details jedoch bis heute im Dunkeln liegen. Fest steht, dass Anfang Oktober 1416 zwei Kolonnen schwer bewaffneter Reiter die gegenüberliegenden Ufer eines Flusslaufs zwischen St. Omer und Calais erreichen: Engländer auf der einen Seite, Burgunder auf der anderen.

Die Anführer wechseln in der Mitte des Flusses einige Worte, dann reiten sie weiter ins gegnerische Lager – Johann Ohnefurcht wird von den Engländern nach Calais zu König Heinrich V. gebracht; Heinrichs Bruder begibt sich solange als Geisel in die Hände der Burgunder.

JOHANN OHNEFURCHT. Impulsiv, brutal, oft verschlagen nutzt der Erbe Philipps des Kühnen jeden Vorteil, um Burgunds Macht zu sichern und zu erweitern. Vermutlich paktiert er insgeheim sogar mit dem englischen König gegen seine französischen Verwandten

In Calais wiederum ist noch ein Dritter zugegen, der römisch-deutsche König und künftige Kaiser Sigismund, der sich im englisch-französischen Konflikt auf die Seite Heinrichs geschlagen hat. Was sie besprechen, halten die drei Monarchen geheim.

Mit Sigismund schließt Johann jedenfalls bald darauf ein offizielles Bündnis. Vorwürfe, dass er sich bei dem Treffen auch mit England verschworen und so Frankreichs Krone verraten habe, wird Johann stets empört zurückweisen. Vermutlich lügt er: Während Frankreichs Landschaften unter den allgegenwärtigen Söldnerhaufen leiden, schonen Heinrich und Johann einander, koordinieren sie offensichtlich ihr Vorgehen.

Ende April 1417 wirft eine burgundische Flugschrift der Armagnac-Regierung vor, die Schlacht von Azincourt mit Absicht verloren zu haben,

GALGEN auf der Pariser Place de Grève. Beide Bürgerkriegsparteien führen mit falschen Anklagen, Folter und erpressten Geständnissen Todesurteile herbei. Und stellen etliche ihrer verstümmelten Opfer zur Abschreckung öffentlich aus

ZWINGBURG BASTILLE. Die düstere Anlage an der Stadtmauer hat Tore ins Innere der Kapitale und ebenso nach außen, was sie zu einem besonders umkämpften strategischen Punkt macht. Nach ihrem Vorbild errichtet Johann Ohnefurcht an seinem Palast einen 27 Meter hohen Wehrturm, von dem aus er jederzeit Paris verlassen kann

das Land und den kranken König zu verraten, beider Untergang zu wollen, ja zwei inzwischen an Krankheit gestorbene Söhne Karls ermordet zu haben. Nichts davon ist wahr oder auch nur plausibel. Es handelt sich bereits um Kriegspropaganda.

Am 1. August landen frische englische Truppen bei Harfleur und beginnen mit der Eroberung der Normandie. Zehn Tage später marschiert Johann Ohnefurcht vom nordostfranzösischen Arras aus vor. In langen Konvois rumpeln Karren voller Münzen und Proviant, Kanonen und Geschosse aus Burgund heran.

Die burgundische Armee legt einen Ring um Paris.

PARIS, TOR VON SAINT-GERMAIN, 29. MAI 1418, NACH MITTERNACHT. Still kauern mehrere Hundert Kämpfer unter der Stadtmauer. Dann öffnen Parteigänger Burgunds mit einem gestohlenen Schlüssel das Tor. Die Männer strömen hinein, überwältigen erste Verteidiger, Tumult bricht aus.

Eben noch rechtzeitig kann Tanguy du Châtel, der bereits Ludwig von Orléans gedient hat, den letzten verbliebenen Thronfolger Karl wecken und in die Bastille bringen, eine Festung mit einer starken Garnison sowie Zugängen von innerhalb und außerhalb der Stadtmauern.

Während die Eroberer zu plündern beginnen, verlässt der Thronfolger die Bastille, sammelt in Stützpunkten vor der Stadt Verstärkung und dringt zwei Tage später mit rund 1500 Mann durch die Bastille wieder in Paris ein.

Bald toben in den Straßen mörderische Kämpfe; die Armagnacs haben Befehl, keine Gefangenen zu machen. Doch der Gegenangriff bleibt stecken. Der Thronfolger, du Châtel und einige andere retten sich aus der Stadt. Ihre verbliebenen Kämpfer aber halten weiterhin die Bastille.

Durch die Straßen streifen burgundische und Bürger-Patrouillen, verhaften Armagnacs, rauben. Nachts brennen große Wachfeuer. Die Gefängnisse sind überfüllt. Diejenigen, die über Jahre Armagnacs Schikanen erlei-

OHNE ANKLAGE UND URTEIL machen Parteigänger Burgunds nach der Rückeroberung der Stadt gefangene Armagnacs nieder. Der Bürgerkrieg und wiederholte Aufstände treffen Paris hart, lassen die Einwohnerzahl sinken, ruinieren die Wirtschaft der zuvor blühenden Metropole

den mussten, schwanken zwischen Jubel, Rachsucht und Furcht vor der verbliebenen Besatzung der Bastille.

Da löst am Abend des 12. Juni ein falscher Alarm erst Panik aus, dann einen Sturm auf die Gefängnisse. Der wütende Mob greift die inhaftierten Armagnacs an, gerät dann in einen Blutrausch, der bis zum nächsten Mittag anhält. Zu den weit über 1000 Opfern zählt auch Bernard von Armagnac. Stundenlang trägt die Menge seinen verstümmelten, teils gehäuteten Leichnam im Triumph herum. Dann wirft sie ihn auf einen Misthaufen.

Zwei Tage später hält Herzog Johann Einzug in Paris. Die Nachricht vom Fall der Stadt hat ihn auf einem seiner burgundischen Schlösser erreicht. Seitdem hat er keine Eile gezeigt, zurück in die Hauptstadt zu gelangen.

Um den Dingen ihren blutigen Lauf zu lassen?

V.
Auge um Auge

Paris kommt jedenfalls auch nach dem Einzug des Herzogs nicht zur Ruhe. Vielmehr fordern seine entfesselten Anhänger Johann Ohnefurcht

LITERATURTIPPS

BART VAN LOO
»Burgund. Das verschwundene Reich«
Die große aktuelle Hintergrunderzählung (C. H. Beck).

RICHARD VAUGHN
»John the Fearless«
Ältere, aber noch immer maßgebliche Biografie des Burgunderherzogs (Longmans).

Lesen Sie auch **»Am Hofe der Burgunder: Von Pracht und Tugend«** (aus GEO*EPOCHE* Nr. 94) auf *www.geo-epoche.de*

IN KÜRZE

Als 1392 der französische König seelisch erkrankt, beginnt ein erbitterter Kampf seiner Verwandten um die Macht. Ihre Konkurrenz löst einen Bürgerkrieg aus, der Frankreich entscheidend schwächt und entlang seiner östlichen Grenzen eine neue Macht heranwachsen lässt: Burgund, das sich im Ringen um die französische Krone bald sogar mit England einlässt.

DER VERRATENE VERRÄTER. Am Ende holt sein Auftragsmord an Ludwig von Orléans Johann Ohnefurcht ein. In einem Hinterhalt erschlägt ihn ein Gefolgsmann Ludwigs. Daraufhin aber strebt nun die burgundische Seite nach Rache. Der Bürgerkrieg dauert fort

immer neue Gefangene ab, um sie zu ermorden. Unter der Führung des charismatischen städtischen Henkers entsteht eine radikale Volksbewegung, die im Namen Burgunds, bald aber ohne Ansehen der Parteizugehörigkeit die Reichen plündert und mordet; der Henker nennt Herzog Johann gar „mein lieber Bruder".

Zunächst lässt Johann es geschehen, um einen verlustreichen Straßenkampf zu meiden. Dann setzt er Ende August die bewaffneten Bürger gegen einen Stützpunkt der Armagnacs in Marsch – und lässt hinter ihnen die Tore schließen. Stark überlegen, verhaften seine Männer nun den unverschämten Henker und weitere Rädelsführer, enthaupten sie, ersäufen andere, in Säcke genäht, in der Seine.

Als der Winter heraufzieht, hat Johann Ohnefurcht die Hauptstadt fest in seiner Gewalt, die Finanzverwaltung, die Gerichte, den kranken König und die Königin. Doch viele Einwohner sind tot oder geflohen, ihre Werkstätten zerstört, Häuser geplündert. Große Firmen sind bankrott, die italienischen Bankhäuser in der französischen Kapitale haben ihre Filialen abgezogen.

Paris ist ruiniert.

Längst ist aus dem Mord in der Rue Vieille-du-Temple massenhaftes Blutvergießen hervorgegangen, haben Rachsucht und erbitterter Parteienhass Frankreich verheert und zerrissen. Von Bourges aus gebietet der Thronfolger über weite Landstriche westlich und südlich von Paris, über seinen eigenen Anhang sowie die vormaligen Orléans-Getreuen und Armagnacs. In der Normandie wiederum herrscht Heinrich V. von England.

Die Rivalen belauern einander und blockieren sich; keiner kann sich gegen die anderen beiden zugleich durchsetzen. Während ihre Soldaten die Einwohner der Dörfer und Städte terrorisieren und in Scharmützeln sterben, wandern zwischen allen drei Hauptquartieren Unterhändler hin und her. Im Juni 1419 trifft sich der Herzog von Burgund mehrfach persönlich mit Heinrich V., im Juli mit dem Thronfolger Karl. Die beiden Franzosen nähern sich an, geloben einander Frieden und verabreden eine weitere Zusammenkunft für den Spätsommer.

MONTEREAU, 10. SEPTEMBER 1419. Noch ist der Argwohn groß. Tischler haben auf der Brücke über das Flüsschen Yonne zwei Absperrungen errichtet; in den geschützten Raum dazwischen führt von jeder Seite eine verschließbare Tür. Nur jeweils zehn Vertraute dürfen Johann Ohnefurcht und Prinz Karl zu ihrem Gespräch mit hineinnehmen.

Der Thronfolger hat von seiner Seite her den kürzeren Weg und betritt den Schutzraum als Erster. Herzog Johann muss zunächst eine auf der Brücke stehende Mühle passieren. Dann empfängt ihn Tanguy du Châtel an der Sperre mit freundlichen Worten und schließt hinter der burgundischen Delegation die Tür.

Wie es das Hofzeremoniell erfordert, zieht der Herzog vor dem Prinzen den Hut und beugt das Knie. Karl reicht ihm die Hand, hilft ihm auf und bittet ihn, den Kopf doch wieder zu bedecken. Dann jedoch gibt er mit den Augen du Châtel ein Zeichen.

Im nächsten Moment treffen Johann Ohnefurcht du Châtels Streitaxt sowie der Schwerthieb eines weiteren Mannes, mindestens einer der burgundischen Ritter will eingreifen und wird niedergeschlagen, Schreie gellen, da dringen durch die Tür des Prinzen weitere Kämpfer ein – sie ist unverschlossen geblieben. Auch auf der anderen Seite schnappt die Falle nun zu: Aus dem Mühlengebäude eilen Soldaten auf die Brücke und versperren einer möglichen burgundischen Verstärkung den Weg.

Während zwei Wachen den Thronfolger abschirmen, überwältigen seine Leute Johanns Begleiter, hauen und stechen weiter auf den Herzog ein. Endlich lassen sie von ihm ab. Herzog Johann Ohnefurcht von Burgund ist tot – und für Prinz Karl scheint der Weg zur Macht als Regent seines kranken Vaters offen.

Als die Nachricht von dem Mord Flandern und Burgund erreicht, ist Johanns Frau fassungslos, schreit sein Sohn vor Schmerz wild auf. Bald bringt beider Trauer einen überwältigenden Wunsch hervor: nach Rache. Und sie wissen, an wen sie sich dazu wenden müssen. An Frankreichs Erzfeind.

An Heinrich V., den Sieger von Azincourt. ◊

PARIS, BLICK ÜBER DIE STADTINSEL. Nach dem Mord an Herzog Johann liegt die Kapitale als große Beute zwischen den einander belauernden Parteien. Vor allem im Südwesten haben die Armagnacs ihre Basen, im Osten herrscht Burgund – und von Norden drängen erneut die Engländer heran

HEINRICH V.

DER SIEGER VON AZINCOURT

Ausgerechnet der Sohn eines Usurpators steigt zum gefeierten Monarchen Englands auf. 1415 schlägt Heinrich V. aus dem Haus Lancaster die Franzosen in einer Ebene nördlich der Somme, kann ihnen nach weiteren Feldzügen schließlich sogar einen Frieden nach seinem Willen diktieren und erreicht so, was seinen Vorgängern misslungen ist: dem englischen Königshaus die Krone Frankreichs zu verschaffen. Aber bevor er das Errungene dauerhaft sichern kann, verlässt ihn das Glück

HEINRICH V. kommt 1386 als Enkel des Herzogs von Lancaster auf die Welt. Sein Vater entreißt 1399 dem amtierenden König den Thron. Der nun zum Kronprinzen Aufgestiegene fühlt sich mehr und mehr von Gott persönlich auserwählt – auch, weil er im Alter von 16 Jahren eine schwere Kampfverletzung mit Glück überlebt

AM 9. APRIL 1413 wird Heinrich in der Abtei von Westminster zum König von England gekrönt. Er setzt kluge Reformen in seinem Land durch. Und bald schon plant er, wieder in Frankreich um Gebiete und Einfluss zu kämpfen: Nach langer Waffenruhe soll der Krieg von Neuem beginnen

TEXT: *Till Hein*

ES IST EIN PFEIL, DER DIESE GESCHICHTE FAST VORZEITIG BEENDET – und sie doch erst möglich macht. Prinz Heinrich hat am 21. Juli 1403 in einem Gefecht gegen Aufständische wohl gerade für einen Augenblick das Visier seines Helmes hochgeklappt, als das Geschoss heransurrt. Und den 16-Jährigen mitten ins Gesicht trifft. Der Schaft des Pfeils lässt sich herausziehen. Doch erst einige Zeit nach der gewonnenen Schlacht gelingt es einem eigens herbeigerufenen Chirurgen, auch die Spitze, die tief im hinteren Schädel steckt, mit einer Spezialzange zu entfernen.

Der Prinz überlebt. Der Pfeil hat Heinrichs Gehirn offenbar knapp verfehlt. Äußerlich bleibt wohl nur eine große Narbe neben der Nase. Doch dass er dem Tod so nahe war, prägt Heinrich vermutlich nachhaltig. Gott hat ihn beschützt, davon mag er überzeugt sein – und fühlt sich fortan womöglich vom Allmächtigen selbst auserwählt, den schon seit einigen Generationen bestehenden Anspruch der englischen Könige auf den französischen Thron endlich durchzusetzen.

Jedenfalls macht das Erlebnis Heinrich offenbar nur stärker. Furchtlos wird er als König wieder und wieder Rückschlägen und Gefahren trotzen – und gleichzeitig, sich der Kostbarkeit des Lebens wohl durch seine schwere Verletzung bewusst, seine Truppen nie opfern, sondern stets klug leiten. Unter ihm kommt Englands Herrscherhaus einem endgültigen Sieg in diesem Krieg, den man später als den Hundertjährigen bezeichnen wird, so nah wie nie zuvor.

Und es ist wohl kein Zufall, dass er bei seinem größten militärischen Triumph auf die Wucht von Pfeil und Bogen setzt.

Dabei ist Heinrich eigentlich gar nicht zum König bestimmt. Im September 1386 kommt er als erstes Kind von Heinrich Bolingbroke zur Welt, seinerseits Sohn und künftiger Erbe des Herzogs von Lancaster, des größten Landbesitzers in England nach dem König. Den jungen Lord, so scheint es, erwartet ein privilegiertes Leben als hochrangiger Adeliger.

Im Sommer 1399 aber reißt sein Vater überraschend die Macht an sich, während König Richard II. in Irland Krieg führt. Als Richard zurückeilt, kontrolliert Heinrich Bolingbroke mit seinen Verbündeten bereits weite Teile Englands. Wenig später lässt er den König (seinen Cousin) gefangen nehmen, zwingt ihn schließlich zur Abdankung. (Im Februar 1400 wird Richard in Haft sterben, möglicherweise verhungert er.)

Der Usurpator aber erhebt noch am Vorabend seiner Krönung als Heinrich IV. im Oktober 1399 seinen Sohn zum Ritter, wenige Tage danach bestätigt das Parlament die Ernennung des 13-Jährigen zum

Fürsten von Wales, zum Herzog von Cornwall sowie zum Grafen von Chester und erklärt ihn zugleich zum Thronfolger.

DOCH DIE MACHTBASIS DER NEUEN DYNASTIE erweist sich als brüchig: In Wales erheben sich Rebellen, die für ihre Unabhängigkeit kämpfen. Der Krieg mit Frankreich ruht zwar aufgrund eines Waffenstillstands weitgehend, aber die Verhandlungen über einen Friedensvertrag stagnieren, und in der englisch kontrollierten Region um Bordeaux flammen die Kämpfe wieder auf. Zudem überfallen auf dem Ärmelkanal Piraten mit französischer Billigung englische Handelsschiffe.

Vor allem aber sammeln sich in England selbst die Gegner. So erheben sich im Jahr 1400 Anhänger des abgesetzten Richard II. gegen den neuen König Heinrich. Und drei Jahre später sind es vormalige Unterstützer Heinrichs, die sich nun gegen ihn wenden.

Ihr Aufstand führt am 21. Juli 1403 zu jener Schlacht, bei der Prinz Heinrich vom Pfeil ins Gesicht getroffen wird. Viele Monate lang muss er sich schonen. 1406 dann betraut ihn sein Vater mit der – letztlich siegreichen – Bekämpfung der Rebellen in Wales.

Auch jenseits der Schlachtfelder zeigt sich der Prinz als kluger Pragmatiker: Er verschlankt die Verwaltung seiner Besitztümer, erhöht Pachtzinsen, nimmt viele Ländereien unter seine direkte Kontrolle – und kann die Einkünfte so erheblich steigern. Seinen Vater, unter dem Korruption und Günstlingswirtschaft grassieren, sieht er zunehmend kritisch.

HEINRICH

Auch eine wachsende Zahl von Adeligen wünscht sich einen Machtwechsel. Kronprinz Heinrich mag lieber Harfe spielen oder sich Büchern widmen, statt an ritterlichen Turnieren teilzunehmen. Doch als Feldherr und Staatsmann verschafft er sich Respekt. Zudem leidet sein Vater seit Jahren an einer Krankheit, die ihn während schwerer Anfälle regierungsunfähig macht.

Ab Dezember 1409 vertritt Prinz Heinrich für fast zwei Jahre den ermatteten Vater. Er will nun landesweit die Verwaltung reformieren, das Steuerwesen, die Kirche. Doch erst als Heinrich IV. am 20. März 1413 stirbt, ist der Weg für seinen Sohn wirklich frei: Am 9. April wird er in der Abtei von Westminster als König Heinrich V. von England gekrönt.

Seine Freunde und Weggefährten hoffen auf steile Karrieren, nicht wenige allerdings vergebens. Denn der neue Herrscher befördert nur die Besten, zeigt sich zudem sparsam bei seiner eigenen Haushaltung.

Schon bald wendet Heinrich seine Aufmerksamkeit Frankreich zu. Im Sommer 1413 eskaliert dort ein seit Jahren andauernder Bürgerkrieg (siehe Seite 96) von Neuem. König Karl VI. von Frankreich schlägt eine Allianz vor, bietet dem englischen König die Hand seiner Tochter Katharina an.

Die Offerte kommt Heinrich nicht ungelegen: Die Ehe würde seinen internationalen Einfluss enorm stärken. Zudem braucht er einen Sohn und Erben. Und er sieht den Moment gekommen, die Ziele wieder aufzugreifen, die Englands Herrscher einst in den Hundertjährigen Krieg geführt hatten: große Gebiete in Frankreich in ihren Besitz zu nehmen, womöglich sogar die Herrschaft in dem Königreich zu erlangen.

So stellt er wohl bewusst hohe Forderungen für Allianz und Heirat mit der Prinzessin, verlangt die Kontrolle über ganz Aquitanien im Südwesten, zudem die Normandie sowie weitere Gebiete in Nordfrankreich. Als die französische Seite (König Karl VI. selbst

KARL VI. von Frankreich (l.) leidet an einer psychischen Krankheit und ist oft nicht regierungsfähig. Als rivalisierende Adelige sein Reich in einen blutigen Bürgerkrieg ziehen, bittet er ausgerechnet Heinrich V. von England um Hilfe. Dieser stellt womöglich aus Kalkül unannehmbare Bedingungen – und rüstet nach deren Ablehnung gegen die Franzosen

WILL DEN KRIEG

ist durch eine psychische Krankheit geschwächt) darauf nicht eingeht, nutzt Heinrich die Weigerung, sich zu empören – und zu rüsten.

Im November 1414 erwirkt er beim Parlament die Zustimmung zu Sondersteuern, um Truppen für ein ganzes Jahr aufzustellen. Als die Gelder nicht ausreichen, überlässt er den Anführern der auszuhebenden Truppen Juwelen aus der königlichen Schatzkammer, die sie bei Goldschmieden gegen Bargeld verpfänden, um die Soldaten zu bezahlen. Heinrich will den Feldzug um jeden Preis.

Anfang 1415 aber legen die französischen Adelsparteien ihre Konflikte bei und wollen ihrerseits Truppen mobilisieren. Man wagt es nun gar, Heinrich zu verhöhnen. Das französische Königshaus lässt ihm Tennisbälle überbringen: als Symbol dafür, dass er als verspieltes Kind betrachtet wird. Der König von England, so die Überlieferung, antwortet, er werde bald andere runde Objekte nach Frankreich senden. Und in der Tat rekrutiert Heinrich neben Bogenschützen und gepanzerten Reitern auch Kanoniere.

AM 11. AUGUST 1415 LÄUFT DIE ENGLISCHE KRIEGSFLOTTE aus den Gewässern um die Hafenstadt Southampton aus: 1500 Schiffe mit 12 000 Kämpfern an Bord. Der Großteil aller englischen adeligen Männer im wehrfähigen Alter ist darunter. Tausende Reit- und Packpferde drängen sich auf den Schiffen, dazu Nahrungsvorräte für mehrere Monate.

Nach zwei Tagen erreicht die Flotte die Küste der Normandie, ankert in einer Bucht im Mündungsbereich der Seine. Es ist ein günstiger Ort für eine heimliche Landung, die bewaldeten Uferhänge verdecken die Sicht. Von der einige Kilometer entfernten Hafenstadt Harfleur aus sind die Segler kaum zu erkennen.

Als der folgende Morgen dämmert, so heißt es in einer Quelle, geht Heinrich als Erster an Land, wirft sich auf die Knie und betet für göttliche Gerechtigkeit. Im 14. Jahrhundert zogen englische Truppen plündernd durch Feindesland, brandschatzten, vergewaltigten und mordeten (siehe Seite 64). Heinrich dagegen schärft seinen Männern ein: Wer sich an Frauen vergeht, Kirchen und Klöster ausraubt oder Höfe und Dörfer niederbrennt, wird exekutiert. Als einer der Soldaten einmal Wertsachen aus einem Gotteshaus stiehlt, lässt Heinrich ihn vor den Augen der Kameraden hängen.

Er befiehlt, Harfleur einzukesseln. Die Bewohner fordert er auf, ihm die Stadt zu übergeben. Als sich die französischen Kommandanten weigern, lässt Heinrich seine Kanoniere feuern. Wahrscheinlich geht er davon aus, dass Harfleur schon nach wenigen Tagen kapitulieren wird. Doch mehrere Hundert Soldaten verteidigen die von einer massiven Befestigung geschützte Stadt. Und die Bevölkerung hält weiter durch. Nachts, wenn nicht geschossen wird, bessern die Angegriffenen den Schutzwall wieder und wieder aus: mit Holzbalken, Felsbrocken, Ästen, Erde, Sand und Dung.

Woche um Woche zieht sich die Belagerung hin. Das sumpfige Schwemmland um Harfleur wird immer stärker von Abfällen und Exkrementen verschmutzt. Gestank liegt in der Luft. In den Lagern der Engländer brechen Seuchen aus, die Männer erkranken in großer Zahl an blutigem Durchfall. Viele sterben, noch weit mehr sind kampfunfähig.

Den Menschen in der belagerten Stadt aber kommt niemand zu Hilfe. Obwohl die Franzosen mit der Invasion gerechnet haben, sind sie nicht in der Lage, schnell genug ein Heer aufzustellen, das es mit

BEI AZINCOURT prallen Frankreichs und Englands Heere schließlich am 25. August 1415 aufeinander. Und wie schon oft zuvor tragen die Engländer (im Bild rechts) den Sieg davon, auch weil die französischen Kontingente nicht geschlossen angreifen und zahlreiche der hochwohlgeborenen Ritter aus Stolz Befehle missachten

Heinrichs Truppen aufnehmen könnte. Am 22. September 1415 ergibt sich Harfleur.

Heinrich betritt die Stadt angeblich barfuß, wie ein Pilger, und begibt sich als Erstes in eine Kirche, um Gott zu danken. Beseelt von seiner Eroberung, sendet er einen Brief an den ältesten überlebenden Sohn des geistig umnachteten Königs und fordert ihn zum Kampf Mann gegen Mann um die künftige Herrschaft über Frankreich heraus. So lasse sich weiteres Blutvergießen vermeiden. Heinrich erhält keine Antwort.

Sein Angebot ist vermutlich ernst gemeint. Möglicherweise will er aber auch vom Zustand der eigenen Truppen ablenken. Denn nach der Belagerung von Harfleur ist sein Invasionsheer erheblich geschwächt, mehr als 1000 erkrankte Soldaten lässt Heinrich in die Heimat evakuieren. Zudem muss er eine starke Besatzung in der Stadt zurücklassen, um den einmal gewonnenen Brückenkopf in der Normandie zu sichern.

So stehen ihm nur noch rund zwei Drittel seiner Soldaten für weitere Operationen zur Verfügung. Zugleich erreicht ihn die Kunde, dass sich bei Rouen, knapp 70 Kilometer weiter östlich, nun doch französische Einheiten zum Gegenschlag sammeln.

Heinrich erwägt vermutlich, den Feldzug abzubrechen. Er könnte in die Heimat zurückkehren – und bald mit neuer Kraft wieder in Frankreich einfallen. Doch ein direkter Rückzug der Soldaten über den Ärmelkanal ist unmöglich. Die meisten seiner Schiffe hat Heinrich längst in die Heimat zurücksegeln lassen. Und um mit seiner gesamten Armee in Harfleur auszuharren, fehlt es an Vorräten.

Stattdessen entscheidet sich Heinrich, mit seinem verbliebenen Hauptheer in Richtung Nordosten zu ziehen, zum englisch kontrollierten Stützpunkt Calais. Womöglich hofft er sogar, dass die französischen Truppen seine Verfolgung aufnehmen werden, statt die Rückeroberung von Harfleur zu versuchen.

Anfang Oktober bricht Heinrich mit rund 8000 erschöpften Kriegern auf. Etwa 250 Kilometer Wegstrecke ist Calais entfernt. Der König rechnet mit einer Marschzeit von gut einer Woche. Persönlich führt er seine Soldaten nah an der Küste entlang, zumeist auf dem schnellsten Weg.

Mitte Oktober nähern sich die englischen Truppen der Somme, die sie bei einer Furt unweit der Mündung überschreiten wollen.

SEIN PLAN IST JEDOCH NICHT UNBEMERKT GEBLIEBEN. Die Franzosen erwarten ihn mit Tausenden Mann auf der Nordseite des Flusses. Würde Heinrich den Fluss wie geplant hier überqueren, liefen seine Soldaten Gefahr, direkt am Ufer niedergemacht zu werden, zudem haben die Franzosen angespitzte Pfähle in die Furt gesteckt, um sie unpassierbar zu machen. Daher lässt Heinrich auf der Südseite der Somme weitermarschieren, in östliche Richtung. Er will die Somme an einer unbewachten Stelle, im Landesinneren, überschreiten – und dann weiter Richtung Calais ziehen.

Mehr als 100 Kilometer von der Küste entfernt gelingt es seinen Truppen am 19. Oktober tatsächlich, das andere Ufer zu erreichen. Die Franzosen aber finden schnell heraus, wo sich die Engländer aufhalten. Sie schicken Boten und fordern Heinrich zum Kampf. Der antwortet, man möge ihn doch einfach zur Schlacht stellen, er würde sich ja nicht verstecken. Und treibt seine Männer immer weiter.

Am 24. Oktober schließlich, knapp 60 Kilometer südlich von Calais, nahe der Ortschaft Azincourt, treffen die übermüdeten und ausgehungerten Truppen

auf den Gegner. Heinrich bringt seine rund 8000 Soldaten in Stellung, beschwört ihre Liebe zu Gott und der Heimat.

Ein kleiner Vorteil der Engländer: Der Oberbefehlshaber der Franzosen hat wenig militärische Erfahrung. Ob er deshalb so lange zögert mit dem Signal zum Angriff?

Wohl mehrere Stunden lang erwarten Heinrichs Männer in Schlachtordnung die feindliche Attacke. Erst als die Nacht hereinbricht, gibt der König Entwarnung. Die Armeen sind einander so nah, dass sie den Gegner hören können. Vom französischen Lager dringen Gespräche und Gelächter herüber. Heinrich dagegen verordnet seinen Soldaten Schweigen.

AM MORGEN DES 25. AUGUST stehen sich die ungleichen Heere erneut gegenüber: auf der einen Seite die Franzosen in ihren polierten Rüstungen und Waffen; auf der anderen ungepflegte, ausgemergelte Engländer mit wilden Bärten, die Schwerter und Rüstungen matt und fleckig, die Umhänge verdreckt, die Fahnen zerfleddert.

Wiederum geschieht lange nichts. Wohl auch, weil er fürchtet, die Untätigkeit könne auf Dauer die Kampfmoral seiner Soldaten schwächen, ergreift Heinrich schließlich die Flucht nach vorn. Gegen elf Uhr gibt er den Befehl zum Angriff.

Tausende von Bogenschützen, an den Flanken und wohl auch im Zentrum seiner Formation, lässt er nun vorrücken. Bereits 1346, in der Schlacht von Crécy, haben die englischen Langbogenschützen ihren Wert unter Beweis gestellt (siehe Seite 40). Und der König

KEINE ZWEI WOCHEN nachdem ihn Karl VII. in einem aufsehenerregenden Vertrag zu seinem Erben erklärt und als Regenten von Frankreich eingesetzt hat, heiratet Heinrich V. Anfang Juni 1420 Katharina, eine Tochter des französischen Königs. Nie war ein englischer Herrscher während des Hundertjährigen Krieges näher an dem Ziel, beide Reiche zu regieren, als Heinrich

HEINRICH TRIUMPHIERT

kennt die Schlagkraft der Waffen aus eigener Erfahrung. Als die Bogenschützen die erste Salve abgeben, verdunkeln ihre Pfeile den Himmel. Kurz darauf gellen Schreie Verwundeter über die Ebene.

Der französische Schlachtplan sah eigentlich vor, an beiden Flügeln mit gepanzerten Reitern vorzupreschen und die Bogenschützen niederzumachen. Anschließend sollten schwer bewaffnete und gerüstete Kämpfer zu Fuß die übrigen Feinde überwältigen. Doch den französischen Kommandeuren fehlt es offenbar an Autorität. Viele Adelige weigern sich, an den Flanken anzugreifen. Sie wollen lieber im Zentrum kämpfen, wo die Chancen größer sind, Gefangene zu machen, um Lösegelder zu erpressen.

Seinen Bogenschützen hat Heinrich zudem befohlen, sechs Fuß lange Pfähle anzuspitzen, die sie nun, nachdem sie vorgerückt sind, schräg in die Erde rammen, die Spitze gegen den Feind gerichtet: als Schutz gegen den Angriff der berittenen Truppen.

Die anstürmenden Schlachtrösser der Franzosen werden auf den spitzen Pfählen aufgespießt oder – wie auch viele Reiter – von Pfeilen getroffen, manche drehen schon beim Anblick der Barrikaden verängstigt ab. In Panik rammen die Pferde die hinter ihnen vorwärtsdrängenden Fußsoldaten, zertrampeln am Boden liegende Krieger mit ihren Hufen.

Probleme bereitet den Franzosen, die in ihren bis zu 30 Kilogramm schweren Rüstungen, bewaffnet mit Schwert und Lanze, zu Fuß marschieren, auch der durch tagelangen Regen aufgeweichte Boden, in dem sie förmlich versinken. Nur schleppend kommen sie voran, und zunehmend gerät ihre Formation in Unordnung.

Heinrich kämpft im Zentrum seiner Truppen. Als sein Bruder Humphrey, von einem Schwerthieb verletzt, zu Boden sinkt, stellt sich der König schützend über ihn und schlägt die Feinde zurück, bis seine Männer den Verwundeten in Sicherheit bringen. Im Handgemenge stürzen sich nun auch die englischen Bogenschützen mit Schwertern, Äxten, Hacken und Dolchen auf ihre Gegner. Etliche französische Kommandeure werden niedergemacht, mehr und mehr ihrer Soldaten flüchten. Nach wenigen Stunden ist die Schlacht beendet.

WOHL EINIGE HUNDERT ENGLÄNDER sind gefallen, aber mehrere Tausend französische Krieger – ein fast unglaublicher Triumph für Heinrich. Zwar bringt ihm der Sieg keine entscheidende Wendung im Hundertjährigen Krieg. Doch immerhin konnte er sein eigenes Heer vor der Vernichtung bewahren – und das Ansehen der französischen Ritterschaft ist nach dieser Schlacht in ganz Europa schwer beschädigt.

Weitere Eroberungszüge aber kann Heinrich seinen erschöpften Männern vorerst nicht zumuten. Über Calais gelangt der Sieger nach England zurück. Am 23. November 1415 lässt er sich in London feiern. Chöre singen „Willkommen, König von England und von Frankreich“. Niemand wagt es mehr, gegen den erfolgreichen Kriegsherrn aufzubegehren.

Er selbst aber verkündet, nicht ihm gebühre der Ruhm, sondern dem Allmächtigen. Heinrich sieht den Sieg bei Azincourt nur als eine Etappe auf dem geplanten Eroberungszug, der vor allem die Normandie dauerhaft in den Besitz des englischen Königshauses bringen soll, darüber hinaus aber auch weitere Gebiete in Frankreich – und schließlich vielleicht das ganze Land.

Am 1. August 1417 landet Heinrich mit mehr als 10 000 Kämpfern erneut auf dem Kontinent. Er nimmt die Städte Caen und Rouen ein, besetzt fast die gesamte Normandie. Im August 1419 steht er 30 Kilometer vor Paris.

Doch ist die Eroberung der Kapitale realistisch? Um strategisch wichtige Städte und Festungen zu sichern, musste Heinrich zahlreiche Garnisonen einrichten, verfügt deshalb über weniger Truppen als zu Beginn. Und die verfeindeten französischen Adelshäuser haben sich zusammengerauft. Sie sammeln ihre Kräfte, um den Eindringling zu vertreiben.

Erneut aber nutzen die Franzosen ihre Chance nicht. Der Mord am Herzog von Burgund, dem Kopf einer der Adelsfraktionen, zerstört ihr Bündnis. Nicht nur, dass Heinrich eine blutige Entscheidungsschlacht erspart bleibt – die auf Rache sinnenden Burgunder paktieren nun mit ihm, und der König von Frankreich muss um Frieden bitten. Das Ergebnis der Verhandlungen zwischen den Herrschern kommt einer politischen Zeitenwende gleich.

Der Friedensvertrag von Troyes, der am 21. Mai 1420 besiegelt wird, macht Heinrich zum alleinigen Erben der französischen Krone. Der Sohn und bisherige Thronfolger von König Karl VI. wird enterbt und verbannt. Heinrich nimmt Karls Tochter Katharina zur Frau und tritt umgehend die Regentschaft in Frankreich an. Nach dem Tod Karls VI., so ist es vorgesehen, wird die französische Krone auf Heinrich und seine Erben übergehen.

Der Vertrag von Troyes bedeutet nicht weniger als eine radikale Neuordnung in Europa: Zwei bedeutende Mächte, die sich seit Jahrzehnten gegenseitig bekriegen, sollen von nun an in Personalunion regiert werden – vom englischen König. Frankreich soll eigenständig bleiben, seine angestammten Institutionen und Gesetze behalten, doch Heinrich hat den Anspruch seines Herrscherhauses auf den französischen Thron durchgesetzt und dessen Einfluss auf dem Kontinent stärker ausgeweitet als jeder andere englische König während des Hundertjährigen Krieges.

Der übergangene Dauphin aber und seine Verbündeten sind keineswegs gewillt, sich zu fügen. Noch herrscht kein Frieden.

Heinrich indes feiert Sieg um Sieg, militärisch und politisch: Er bringt in Frankreich Steuerreformen auf den Weg, stabilisiert die Währung, kurbelt den Handel mit England wieder an.

Im Oktober 1421 beginnen seine Truppen die Belagerung der Stadt Meaux östlich von Paris, der letzten Hochburg des französischen Kronprinzen im Umland der Kapitale. Im Feldlager erfährt Heinrich, dass seine Gattin auf Windsor Castle einen Sohn geboren hat – den ersehnten Stammhalter der neu etablierten Doppelmonarchie.

Als Meaux am 10. Mai 1422 fällt, scheint Heinrich seinem Ziel, ganz

LITERATURTIPPS

ANNE CURRY
»Henry V – Playboy Prince to Warrior King«
Lehrreiche Biografie des englischen Königs (Penguin).

JULIET BARKER
»Agincourt – The King, the Campaign, the Battle«
Spannende Darstellung des Sieges bei Azincourt (Little, Brown).

Lesen Sie auch **»Der Hundertjährige Krieg: Duell der Dynastien«** (aus GEOEPOCHE Nr. 49) auf *www.geo-epoche.de*

IN KÜRZE

Entschlossen entfacht Heinrich V. von England 1415 den lange ruhenden Krieg in Frankreich wieder, siegt in der Schlacht von Azincourt. Fünf Jahre später kann er dem französischen Monarchen Karl VI. im Vertrag von Troyes Unfassbares diktieren: Nach Karls Tod soll ihm die Krone in Frankreich zufallen. Doch Heinrich stirbt noch vor dem Franzosen. Erst sein Sohn wird auch König von Frankreich. Dort aber tritt ihm der enterbte Kronprinz entgegen: Karl VII.

NACH DEM FRÜHEN TOD Heinrichs V. und dem von Karl VI. wenig später erbt Heinrichs gleichnamiger Sohn 1422 die englische und die französische Königswürde – doch ist er noch nicht mal ein Jahr alt. Die Krönungen erfolgen deshalb Jahre später, in Frankreich erst 1431 (l.) – zu einer Zeit, in der die Gegenseite längst wieder auf dem Vormarsch ist

Frankreich unter seine Kontrolle zu bringen, einen entscheidenden Schritt näher gekommen zu sein. Doch haben sich während der siebenmonatigen Belagerung auch erste Risse in der Koalition mit seinem wichtigsten Verbündeten in Frankreich, dem Herzog von Burgund, gezeigt. Und in England schwindet langsam die Bereitschaft, Heinrichs kostspieligen Krieg in seinem kontinentalen Königreich zu finanzieren.

Das größte Problem aber betrifft Heinrich selbst: Vermutlich bei Meaux hat er sich eine schwere Krankheit zugezogen. Sein Darm entzündet sich, die Lymphknoten schwellen an, Fieber und Erbrechen plagen ihn.

Am 31. August 1422 stirbt Heinrich auf Schloss Vincennes bei Paris – mit nur 35 Jahren. Sein Leichnam wird nach London überführt und in der Abtei von Westminster beigesetzt. Auch in Frankreich trauern viele Menschen: Heinrichs Regentschaft ist ihnen in besserer Erinnerung als das durch die Rivalitäten zwischen den französischen Adelsfraktionen ausgelöste Chaos zuvor.

Später werden manche Historiker Heinrich V. als den fähigsten Mann bezeichnen, der England jemals regiert habe. Und daran erinnern, dass er das Inselreich im Hundertjährigen Krieg näher an einen Sieg geführt habe als jeder seiner Vorgänger und Nachfolger.

Keine zwei Monate nach Heinrichs Tod stirbt Karl VI. Nun erbt laut dem Vertrag von Troyes Heinrichs Sohn auch die Königswürde in Frankreich. Doch Heinrich VI. ist noch nicht einmal ein Jahr alt.

Vorerst führen die jüngeren Brüder seines Vaters für ihn die Amtsgeschäfte im Inselkönigreich und im englisch kontrollierten Teil Frankreichs. Für die Anhänger des Dauphins aber, die noch immer weite Teile des Landes halten, ist dieser nun als Karl VII. der König von Frankreich.

Im Frühling 1429 werden sie sich gegen die Engländer erheben: angeführt von einer Bauerntochter namens Jeanne d'Arc. ◊

- 6x GEO EPOCHE portofrei nach Hause
- Danach jederzeit kündbar
- DVD auf Wunsch zu jedem Heft
- Inkl. digitaler Ausgabe

> Zum Lesen auf Tablet, Smartphone oder PC

BERGMANN Uhr „Cor“
- Zeitloses Design für jeden Anlass
- Qualitätsquarzwerk mit Batterie
- Mesh-Armband aus Edelstahl

Zuzahlung: nur 1,– €

GEO SAISON-Kalender „Traumziele“ 2022
- Wie ein ganzes Jahr auf Weltreise
- Monat für Monat ein neues Ziel
- Format: 50×45 cm

Zuzahlung: nur 5,– €

www.geo-epoche.de/abo | +49 (0) 40 / 55 55 89 90

Bitte Bestell-Nr. angeben:

ohne DVD selbst lesen	183 3806	ohne DVD verschenken	183 3807	ohne DVD als Student lesen	183 3808
mit DVD selbst lesen	183 3845	mit DVD verschenken	183 3846	mit DVD als Student lesen	183 3847

JEANN D'AR

DIE JUNGFRAU VON ORLÉANS

ÜBERZEUGT, IN GÖTTLICHEM AUFTRAG ZU HANDELN, UMFLORT DIE BAUERNTOCHTER EIN GERADEZU HEILIGER GLANZ. SO GEWINNT SIE SELBST DAS VERTRAUEN DES FRANZÖSISCHEN KÖNIGS, FÜHRT SEINE TRUPPEN 1429 IN DIE SCHLACHT UM ORLÉANS – UND SIEGT. DOCH DER ERFOLG WIRD JEANNE D'ARC BALD ZUM VERHÄNGNIS

DAS DRAMA um die Jungfrau von Orléans hat viele Künstler inspiriert. Die hier gezeigten Bilder stammen aus dem Stummfilmklassiker »La Passion de Jeanne d'Arc« aus dem Jahr 1928 (Plakat links), der sich den letzten Wochen ihres kurzen Lebens widmet

IHR AUFTRAG lautet, dem rechtmäßigen König von Frankreich zur Krönung zu verhelfen, damit er sein Reich zu alter Größe führen und die Engländer in die Schranken weisen kann. Davon ist die um 1412 geborene Jeanne d'Arc, im Film gespielt von Maria Falconetti, überzeugt. Und dafür schreckt sie auch vor Gewalt nicht zurück

DER GLAUBE an die von Gott auserwählte Jungfrau schmiedet die Truppen des französischen Königs Karl VII. zusammen. Jeanne d'Arc selbst kämpft an vorderster Front, feuert die Männer an, treibt sie mehrfach zum Sieg. In ihrem Beisein wird Karl am 17. Juli 1429 in Reims feierlich gekrönt. Doch als die Jungfrau auch danach nicht an Frieden denkt und weiter streitet, endet sie schließlich in englischer Gefangenschaft

TEXT: *Jörg-Uwe Albig*

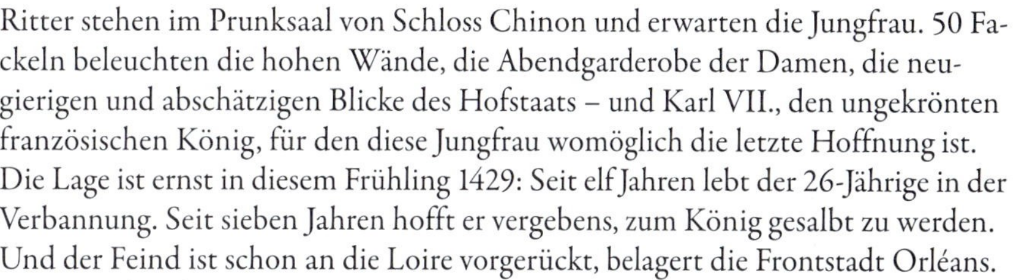

Ritter stehen im Prunksaal von Schloss Chinon und erwarten die Jungfrau. 50 Fackeln beleuchten die hohen Wände, die Abendgarderobe der Damen, die neugierigen und abschätzigen Blicke des Hofstaats – und Karl VII., den ungekrönten französischen König, für den diese Jungfrau womöglich die letzte Hoffnung ist. Die Lage ist ernst in diesem Frühling 1429: Seit elf Jahren lebt der 26-Jährige in der Verbannung. Seit sieben Jahren hofft er vergebens, zum König gesalbt zu werden. Und der Feind ist schon an die Loire vorgerückt, belagert die Frontstadt Orléans.

Jetzt hat der König den Thron neben dem Kamin verlassen und sich unter die Anwesenden gemischt. Er will den berühmten Gast, die angebliche Wundertäterin, auf die Probe stellen. Und da erscheint sie, klein, dunkelhaarig und mit kurzem Hals, gekleidet in ein schwarzes Wams und eine Tunika aus grau-schwarzem Stoff. Sie mustert die Runde. Sie hat Karl VII. noch nie gesehen. Doch obwohl er nicht prächtiger gekleidet ist als sein Hofstaat, soll sie ihn intuitiv sofort unter all den anderen Männern erkannt haben.

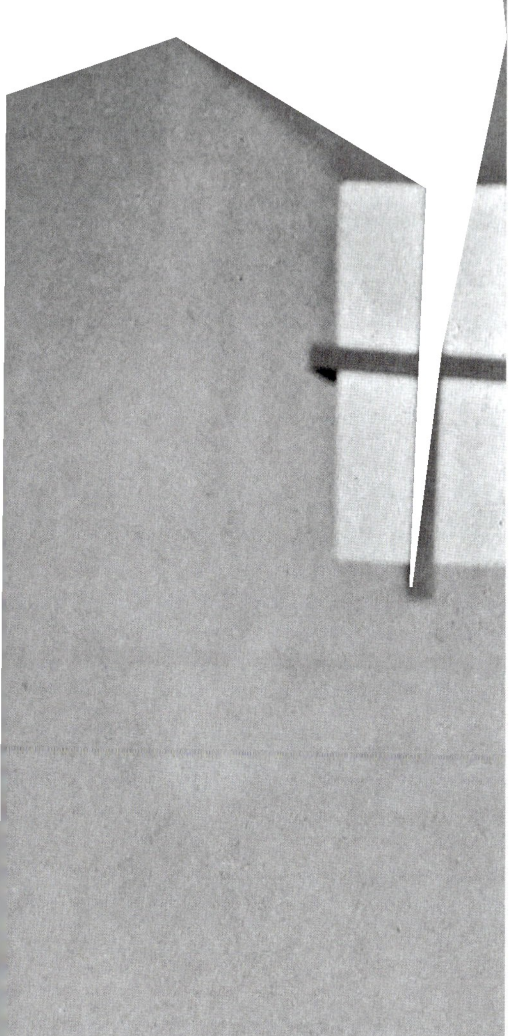

Dann redet sie zu ihm. Später wird sie die Worte ihrem Beichtvater wiederholen: „Ich sage Euch im Auftrag des Herrn, dass Ihr der rechtmäßige Erbe Frankreichs seid und Sohn des Königs. Und der Herr schickt mich zu Euch, um Euch nach Reims zu führen, damit Ihr dort Eure Krone und Eure Weihe empfangt, wenn Ihr es wollt."

Verkehrte Welt: eine Bauerntochter, vielleicht 17 Jahre alt, die sich anmaßt, Geschichte zu machen wie sonst nur ein Herrscher? Eine niedere Gläubige, die behauptet, unmittelbar mit Gott in Verbindung zu stehen – nicht durch das Wir der Kirche, nicht im Plural des Vaterunsers, sondern in der ersten Person Singular? Und das fast 100 Jahre vor dem radikal individualistischen Credo des Augustinermönchs Martin Luther.

Diese junge Frau, die Jeanne Darc heißt (erst später wird ihr Name zum adelig klingenden d'Arc veredelt), kommt um 1412 in Domrémy zur Welt, einem 300-Seelen-Dorf an der Maas. Sie ist ein Bauernkind wie 90 Prozent ihrer Landsleute, hat wohl nie Lesen und Schreiben gelernt – dafür weiß sie, wie man pflügt, das Vieh füttert, Hanf und Wolle spinnt. Ihr Vater ist angesehen unter den Nachbarn, wird als Vertreter des Dorfs zu Verhandlungen geschickt – sie aber ist, wie ihre Nachbarn einst vor Gericht aussagen werden, von Kind auf Eigenbrötlerin. Sie ist ungewöhnlich fromm, geht zur Kirche, wann immer die Glocken läuten, beichtet bei jeder Gelegenheit. Doch dann, eines Sommers – nach eigener Aussage ist sie 13 Jahre alt –, hört sie die Stimmen.

Was genau da geschieht, wird ein Geheimnis bleiben. Ist es wirklich der Himmel, der zu ihr spricht? Sind es Halluzinationen, die sie heimsuchen? Oder formulieren die Stimmen womöglich Überzeugungen, die in Jeanne selbst her-

JEANNE D'ARC schwört auf eine Bibel. Ab dem 21. Februar 1431 wird sie in der Burg des englischen Königs zu Rouen einem wochenlangen Verhör unterzogen, unter anderem wegen Hexerei. Die ihr dabei zustehende Verteidigung lehnt sie ab

44 MÄNNER sitzen über Jeanne d'Arc zu Gericht. Das Verhör eröffnet ein einstiger Rektor der Universität von Paris, deren Theologen das Inquisitionsverfahren gegen die eigensinnige Frau gefordert haben angewachsen sind – und die ihr so ungeheuerlich erscheinen, dass ihr Geist sie auslagern muss, um ihnen ohne schlechtes Gewissen folgen zu können?

Das erste Mal, wird sie berichten, hört sie die Stimmen an einem Fastentag gegen Mittag. Sie kommen aus Richtung der Kirche, begleitet von einem hellen Licht. Später identifiziert Jeanne den heiligen Michael, dann auch die heilige Katharina und die heilige Margareta. Sie geben ihr den Rat, *à soy gouverner* – sich selbst zu regieren. Das kann vieles heißen. Es kann bedeuten, sich zu beherrschen, sich im Griff zu halten. Doch es kann auch die Aufforderung sein, über sich selbst zu bestimmen, das Schicksal in die eigenen Hände zu nehmen – eine Ermahnung, der Jeanne von nun an auf spektakuläre Weise folgen wird.

Zunächst aber helfen ihr die Stimmen in einem Dilemma: Offenbar haben ihre Eltern sie gegen ihren Willen einem Mann zur Ehe versprochen. Der pocht jetzt vor Gericht auf Einlösung der Zusage – und scheitert an Jeannes Weigerung. Jeannes Ungehorsam ist für ihre Zeit eine geradezu skandalöse Rebellion.

À soy gouverner – das ist noch nicht der Appell zum Heiligen Krieg, der später ihren Ruhm begründen wird. Vorläufig ist es vor allem ein Ruf zur Emanzipation. Schon in dieser Krise lernt Jeanne, „ich" zu sagen – und dass ihr dafür am Ende ihr Gott den Erfolg beschert.

Von nun an aber lenken die Stimmen ihr Leben. Sie geben ihr Vertrauen in ihr Schicksal, in die eigene Kraft. Die Gesandten erscheinen ihr sogar in voller Gestalt. Sie nennen sie *la Pucelle*, die Jungfrau. Und manchmal auch „Tochter Gottes" – eine fast blasphemische Anrede, die sie vorerst so geheim hält wie die Ratgeber selbst: Fast sechs Jahre lang erzählt sie, wie sie vor Gericht aussagen wird, nicht einmal ihren Eltern davon. Doch je älter Jeanne wird, desto dringlicher sprechen die Stimmen – wohl auch von einem Geschehen, das immer stärker auf die Gemüter der Dorfbewohner drückt: dem Krieg.

BEREITS ALS KIND IST SIE TIEF-GLÄUBIG

Es ist ein unübersichtlicher Krieg. Es sind ja keine „Völker", die sich hier gegenüberstehen, einander Städte abjagen und Ländereien. Hier stehen Franzosen gegen Franzosen – die „Armagnacs", die sich um das Haus Valois und dessen König Karl VI. scharen, und die „Bourguignons", Anhänger des Herzogs von Burgund. Dazu kommt das englische Haus Lancaster, das ebenfalls Anspruch auf die französische Krone erhebt und 1415 seine Armee nach Frankreich schickt. Die Loyalitäten des Adels, der Städte und Territorien sowie der zahllosen Kriegsunternehmer, die das Schlachten als lukratives Geschäft betreiben, wechseln je nach Lage – und so zieht sich die Front bisweilen durch einzelne Familien.

1420 hat der geistig umnachtete König Karl VI. den Vertrag von Troyes unterzeichnet, der den Dauphin, den Anwärter auf den französischen Thron, wegen dessen Verwicklung in den Mord an dem burgundischen Herzog Johann Ohnefurcht (siehe Seite 96) enterbt. Statt seiner wird 1422 der noch minderjährige englische König Heinrich VI. Karls Nachfolger, die Regentschaft in Frankreich übernimmt Heinrichs Onkel, der Herzog von Bedford. So soll nun eine „Doppelmonarchie" entstehen – zwei Länder, zwar weiterhin politisch, administrativ und wirtschaftlich getrennt, aber unter einem König.

Voerst beherrschen die englischen Invasoren aber nur die Normandie und die Gegend um Bordeaux. Im Nordosten waltet der Herzog von Burgund, über Paris sowie das Land zwischen Somme und Loire gebietet eine englisch-burgundische Koalition. Und südlich der Loire verteidigt der enterbte Karl sein verbliebenes Reich.

NICHTS KANN JEANNE D'ARCS EIFER STOPPEN

Auch Jeannes Dorf Domrémy wird von dem Chaos erfasst. Es liegt zwar auf burgundisch kontrolliertem Gebiet – doch der Ort selbst ist Karl VII. verbunden. Um 1425 setzen Bewaffnete die Kirche in Brand, plündern sie und zwingen viele Bewohner, für einige Tage ins befestigte Neufchâteau zu flüchten. Mehrere Orte in der Umgebung Domrémys fallen in die Hände der burgundisch-englischen Koalition. Zudem bedrohen die Alliierten 1428 mit 2500 Mann die Karl VII. ergebene Stadt Vaucouleurs, keine 20 Kilometer von Jeannes Wohnort entfernt.

Und immer klarer hört Jeanne d'Arc aus ihren Stimmen den Auftrag heraus, diesem König zu Hilfe zu kommen – und dem, was sie „Frankreich" nennt.

Zwar ist die Ahnung einer französischen Identität eine recht neue Idee. Doch im Lauf des Krieges ist der Zank der Feudalmächte für viele zum Kampf der Nationen geworden – und „Frankreich" gleichbedeutend mit dem Haus Valois, das trotz Karls Enterbung weithin als einzig legitime Dynastie gilt. Und nicht nur Theologen, sondern auch einfache Leute sehen die *nation de France* sogar als erwähltes Volk Gottes.

Im Mai 1428 spricht Jeanne mit einem älteren Cousin bei Robert de Baudricourt vor, Stadthauptmann von Vaucouleurs. Kann vielleicht er ihr Zugang zum König verschaffen? Der schickt das Mädchen im roten Kleid zunächst nach Hause und empfiehlt, man möge ihr dort ein paar Ohrfeigen verpassen. Jeanne bleibt hartnäckig. Im Januar kommt sie wieder – und wird von Neuem abgewiesen.

Doch längst kursieren im Ort Gerüchte über das seltsame Mädchen: Hat nicht der sagenhafte Zauberer Merlin prophezeit, eine Jungfrau werde einmal das Königreich retten? Selbst Lothringens Herzog Karl traut wohl Jeannes Wunderkraft so viel zu, dass er sie zur Heilung einer Krankheit zu sich bestellt hat – auch wenn er dann nur eine Absage zu hören bekam.

Aber der Empfang am lothringischen Hof hat ihr Prestige gestärkt. Und schließlich sträubt sich auch Baudricourt nicht länger gegen die sanfte Hartnäckigkeit der jungen Fanatikerin. Vorsorglich lässt er sich aber von einem Priester begleiten, um etwaige dämonische Einflüsse auszuschließen. Dann stellt er ihr zwei Edelmänner nebst Dienern zur Seite, dazu einen königlichen Boten und dessen Adjutanten, und schickt sie auf den Weg zum Schloss Karls VII. zu Chinon.

Es ist ein Aufbruch, der sie nicht nur zum König führen wird – sondern in der Folge kreuz und quer durch Frankreich. Rund 5000 Kilometer wird sie auf diesem Weg zurücklegen. Und schon jetzt trägt Jeanne, wohl um dem Soldatenleben gerecht zu werden, anstelle ihres roten Kleids die Männertracht aus Beinkleidern, Jacke und Mütze, die ihr Markenzeichen wird – und ihr Verhängnis.

Elf Tage lang reiten die sieben durchs Land, passieren Flüsse, die nach der Schneeschmelze Hochwasser führen, und feindliches Gebiet – meist nachts, um nicht ins Visier der Engländer oder Burgunder zu geraten. Und vielleicht ist es schon Jeannes erster Sieg, dass sie Anfang März gegen Mittag heil Chinon erreicht, über dessen spitzen Dächern das königliche Schloss aufragt.

Dort debattieren Karls wichtigste Vertraute im Kronrat: Ist der jungen Frau zu trauen? Ist sie womöglich wahnsinnig oder mit dem Satan im Bund? Oder ist sie wirklich von Gott gesandt – dann wäre sie immerhin ein wirksames Zeichen für die Legitimität des Hauses Valois, eine Stärkung für die Moral der Truppe und ein Menetekel, das den Feind das Fürchten lehren könnte.

Zwei Tage muss Jeanne in ihrer Herberge warten. Und es ist wohl der Fürsprache des Stadthauptmanns von Vaucouleurs zu verdanken, dass der König sie

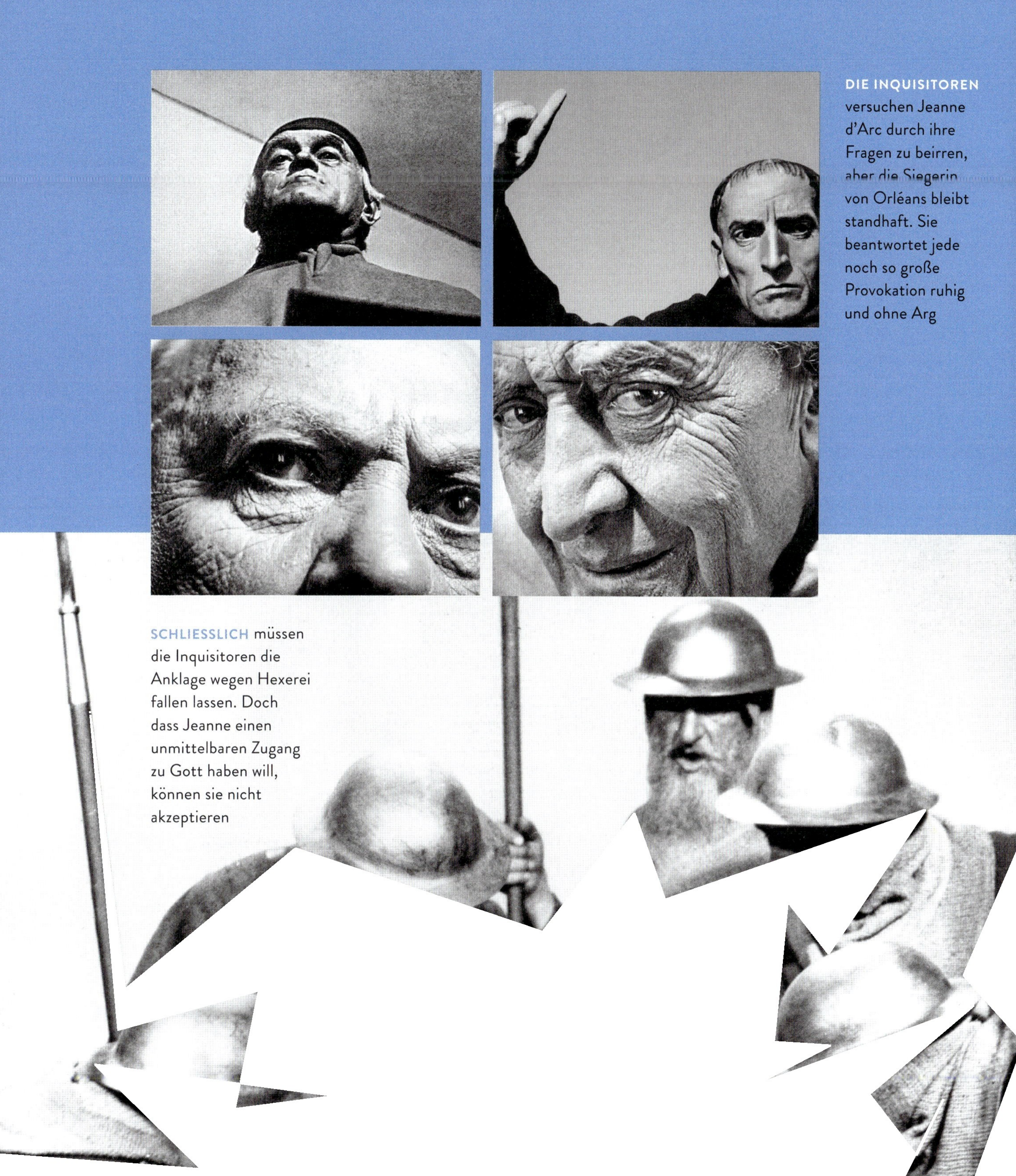

DIE INQUISITOREN versuchen Jeanne d'Arc durch ihre Fragen zu beirren, aber die Siegerin von Orléans bleibt standhaft. Sie beantwortet jede noch so große Provokation ruhig und ohne Arg

SCHLIESSLICH müssen die Inquisitoren die Anklage wegen Hexerei fallen lassen. Doch dass Jeanne einen unmittelbaren Zugang zu Gott haben will, können sie nicht akzeptieren

IN DÜSTERER ABSICHT präsentieren die Inquisitoren in dem Stummfilm ihre Folterwerkzeuge. Am 24. Mai 1431 führen die Ermittler ihre Angeklagte auf einen Friedhof und drohen ihr mit dem Feuertod, so sie sich nicht dem Willen der Kirche unterwirft

schließlich empfängt. Doch Karl bleibt misstrauisch. In der Stadt Poitiers lässt er Jeanne von Prälaten, Theologen und Universitätslehrern auf Gottgefälligkeit überprüfen. Und er schickt Boten in die Heimat der selbst ernannten Heilsbringerin, die ihr Vorleben recherchieren.

Sechs Wochen dauern die Ermittlungen. Damen des Hofes untersuchen Jeannes Jungfräulichkeit, die als Indiz dafür gilt, dass sie auch mit dem Teufel keine ungebührlichen Kontakte hatte. Schließlich empfiehlt die Kommission dem König, es mit der seltsamen Jungfrau zu versuchen – „auch wenn es möglich ist", wie die Experten einräumen, „dass diese Versprechen nur menschliche Erfindung sind".

Man schneidert ihr einen Harnisch auf den Leib. Dekoriert ihr Banner, Fahne und Wimpel nach den Vorschriften, die sie von den Stimmen empfangen hat: einmal Jesus als Richter auf den Wolken, dazu Engel, das Königssymbol der Lilie in Händen, sowie ein gekreuzigter Jesus und die Jungfrau Maria, der ein Engel eine Lilie reicht. Stellt ihr sogar, Privileg der militärischen Würde, mit der sie der König betraut, zwei Pagen und zwei Herolde zur Seite, dazu fünf Kriegspferde – und bringt ihr aus der Kirche Sainte-Cathérine-de-Fierbois ein angeblich hinter dem Altar vergrabenes, längst vergessenes Schwert, von dessen Existenz ihr die Stimmen berichtet haben sollen.

Sie hat keinen Zweifel an ihrer Mission. Am 22. März diktiert sie ein Ultimatum an den König von England und seine Vertreter in Frankreich: „Gebt dem König des Himmels sein Recht", heißt es darin. „Überreicht der Jungfrau, die von Gott, dem König des Himmels, gesandt ist, die Schlüssel aller guten Städte in Frankreich, die Ihr eingenommen und geschädigt habt." Und an die Bogenschützen und Soldaten vor Orléans gerichtet: „Zieht im Namen Gottes ab in Euer Land. Und wenn Ihr es nicht tut, so gewärtigt neue Kunde von der Jungfrau, die Euch in Kürze begegnen wird zu Eurem großen Schaden."

Der Krieg, den die Jungfrau da erklärt, ist nicht mehr die übliche dynastische Fehde. Er ist ein Befreiungskrieg – ein neuartiges Konzept, das aber die schon vom Kirchenvater Augustinus geprägte Idee des „gerechten Kriegs" aufgreift. Den Armagnacs, den Anhängern des Hauses Valois, ist es mit geschickter Propaganda gelungen, diese Idee für sich zu reklamieren – nicht nur bei der intellektuellen Elite, sondern auch bei Adel und Volk.

Dabei sind in diesem Konflikt alle Parteien überzeugt, für eine gerechte Sache zu streiten: Engländer und Burgunder berufen sich auf den Vertrag von Troyes – und das über die weibliche Linie vererbte Recht der englischen Herrscherdynastie auf die französische Krone.

In der Frontstadt Orléans spitzt sich die Lage derweil zu. Am 12. Februar 1429 haben die Engländer einen Versorgungskonvoi mit Heringen aufgerieben. Seitdem dringen nur noch vereinzelt Lebensmittel zu den rund 15 000 Einwohnern der Stadt. Schon haben die Bürger eine Abordnung zum Herzog von Burgund geschickt, die um Schonung bitten soll und dafür Neutralität anbietet – ein Vorschlag, der am Veto der Engländer scheitert.

Im April bricht Jeanne d'Arc mit ihrem Gefolge auf, um die belagerte Stadt zu befreien. In Blois stößt sie zum etwa 3000-köpfigen Heer des Königs und dem Lebensmitteltransport, der Orléans mit Getreide, Rindern, Schafen und Ferkeln versorgen soll. Am Abend des 29. April zieht Jeanne mit einer Vorhut von rund 2000 Mann durch das Burgund-Tor, den einzigen noch nicht von den Angreifern blockierten Zugang nach Orléans, in die Stadt ein.

Ein Bericht der Belagerung wird den Triumphzug schildern: Jeanne in Ritterrüstung auf einem weißen Streitross, das weiße Banner mit den lilienbewehrten Engeln gereckt. Jubelnde Bürger begleiten mit erhobenen Kerzen die Parade. Als eines der Lichter versehentlich Jeannes Banner in Brand setzt, soll sie mit dem Pferd eine elegante Pirouette gedreht und dabei das Feuer mit der Hand erstickt haben.

Einige Verteidiger der Stadt mahnen jedoch zur Geduld. Sie wollen noch auf weitere Verstärkungstruppen warten. Aber Jeanne drängt ungestüm zur Tat. Sie fiebert der ersten Schlacht entgegen.

An Vertrauen in ihre Kampfkraft mangelt es ihr nicht. Wahrscheinlich hat sie schon als Kind reiten gelernt. Kameraden werden später ihr Geschick in der Menschenführung bescheinigen, mit der Lanze und sogar der Aufstellung der Artillerie. Dabei ist ungewiss, ob sie tatsächlich das Kommando über eine größere Einheit hat: Die militärischen Entscheidungen fallen im Kriegsrat – dem sie nicht angehört.

Doch umso unwiderstehlicher ist ihr Charisma, die Unbedingtheit der Gotteskriegerin, die ihre Kameraden mitreißt – die Mischung aus Unschuld und Dringlichkeit, aus Weltklugheit und Naivität. Am 4. Mai mischt sie sich in die Attacke auf das Bollwerk von Saint-Loup – „und sobald die Franzosen Jeanne erblickten", wird ein Zeitzeuge sich erinnern, „erhoben sie ein Geschrei, und Schanze und Festung wurden genommen".

Am 6. Mai fällt die Bastille des Augustins, am 7. die Bastei Les Tourelles. Jeanne legt selbst die Leiter an die Mauern, lässt sich auch durch eine Pfeilwunde nicht beirren, peitscht immer wieder die erschöpften, schon zum Abbruch der Attacke bereiten Kämpfer zu neuen Anstrengungen auf. Am 8. Mai verlassen die Engländer die Schanzen und heben die Belagerung auf: Kaum zehn Tage nach Jeannes Ankunft ist Orléans befreit. Und der englische Regent Johann, Herzog von Bedford räumt ein, vor allem die Angst seiner Soldaten vor der Jungfrau habe die Niederlage besiegelt.

Der Sieg macht Jeanne über die Landesgrenzen hinaus berühmt. Herrscher erkundigen sich nach ihr, Adelige suchen ihren Rat, italienische Waffenhändler

VOR ZEUGEN unterschreibt Jeanne d'Arc, dass sie ihren Ansichten abschwört. Doch kurz darauf widerruft sie diesen Schritt, er sei ein Fehler gewesen

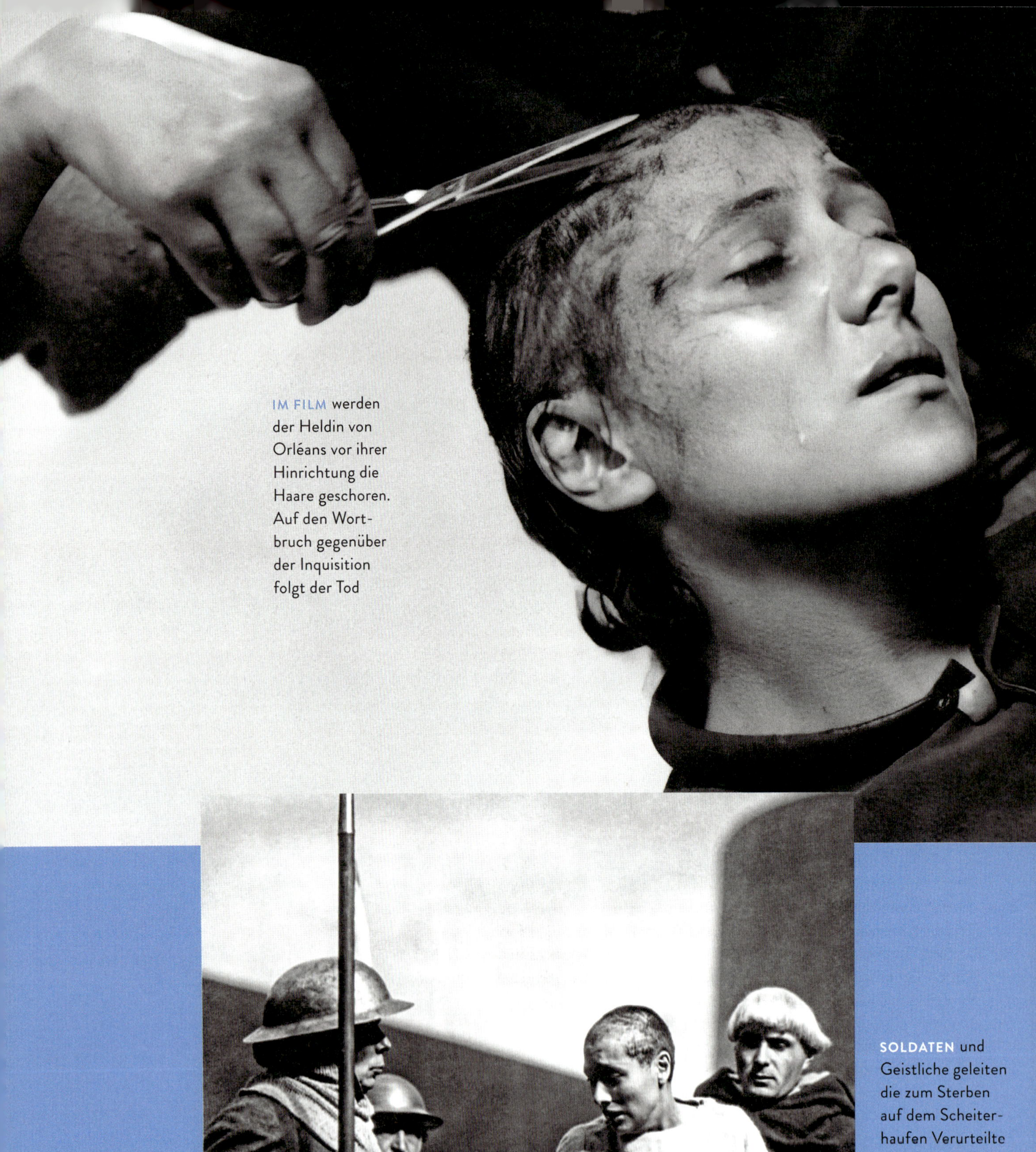

IM FILM werden der Heldin von Orléans vor ihrer Hinrichtung die Haare geschoren. Auf den Wortbruch gegenüber der Inquisition folgt der Tod

SOLDATEN und Geistliche geleiten die zum Sterben auf dem Scheiterhaufen Verurteilte auf den Marktplatz von Rouen. Dort soll der Wille der Inquisitoren von der weltlichen Obrigkeit vollstreckt werden tauschen Informationen über sie, um die Kriegslage besser berechnen zu können. Zahlreiche junge Männer strömen in das Heer Karls VII., verzichten manchmal sogar auf Sold: Ihnen genügt es, Teil einer Mission zu sein – die dank Jeannes Eifer längst zu einer göttlichen geworden ist. Das Vorbild der Jungfrau, die mit dem Himmel im Bund steht, schweißt ein Heer, das zur Hälfte aus lombardischen, aragonesischen und kastilischen Söldnern besteht, zur Einheit zusammen.

Vieles spricht dafür, die Gunst der Stunde zu nutzen und die Engländer nun auch aus der Normandie zu vertreiben. Aber Jeanne pocht auf ihren Auftrag: Erst muss Karl in Reims gekrönt werden – wie sämtliche Könige Frankreichs seit 1129. Es braucht eine gewisse Überredung, den ungekrönten Monarchen zu überzeugen, und einige Anstrengung, den Feind von der Loire zu vertreiben, um den Zug zu sichern. Doch immer, wenn einer der Militärs zaudert, drängt Jeanne zur Eile: „Habt keine Angst! Dies ist die Stunde, die Gott gefällt!“

Im Glanz von Jeannes Feuer wird die Militäraktion zum Kreuzzug. Sie achtet darauf, dass die Soldaten regelmäßig beichten, lässt die Huren aus dem Tross vertreiben, verbietet Plünderungen, Flüche und gotteslästerliche Reden. Und panzert sich selbst nicht nur mit ihren Männerkleidern, sondern auch mit einer heiligen Aura: Ihre Jungfräulichkeit verleiht ihr Immunität, aber auch einen Grad an Autonomie, der verheirateten Frauen in dieser Gesellschaft verwehrt bleibt.

Zwar ist das Leben generell weiblicher geworden: Der Krieg ist ja ein Ausnahmezustand, in dem sich traditionelle Rollen vorübergehend auflösen wie im Karneval. Frauen füllen die Lücken, die das Töten in die männliche Bevölkerung schlägt – und handeln sich dafür auch (wenigstens für ein paar Jahrzehnte) mehr Selbstbestimmung, Mobilität und Wahlmöglichkeiten ein.

In den Städten arbeiten Frauen jetzt nicht mehr nur als Näherinnen oder Weberinnen, sondern auch als Schmiedinnen, Färberinnen, Zimmerinnen, Brauerinnen und Dachdeckerinnen. Sie helfen bei der Verteidigung belagerter Städte und Dörfer, werfen Steine und schießen mit Schleudern, stoßen Angreifer von den Mauern, bringen Wasser, Öl, Blei oder Pech zum Kochen, um es auf deren Köpfe zu kippen. Wenn kein Mann verfügbar ist, tun sich adelige Frauen bisweilen selbst als Diplomatinnen und Heerführerinnen hervor – oder sogar als Regentinnen wie die französische Königin Johanna, die ab 1338 während der Feldzüge ihres Gatten Philipp VI. für ihn die Hebel der Macht bediente. Und immer wieder sprechen charismatisch begabte Frauen bei Fürsten, Königen und Königinnen vor, um spirituelle Hilfe anzubieten. Doch keine dieser Frauen ist so jung und unabhängig, so sendungsbewusst wie Jeanne d’Arc.

Am 12. Juni nehmen Karls Truppen die Stadt Jargeau ein, am 15. Meung, am 16. Beaugency und am 18. Patay. Jeanne, immer mitten im Getümmel, sprengt mit der Fahne voraus, reitet Attacken, feuert ihre Mitkämpfer an: „Freunde, Freunde, auf, auf! Unser Herr hat das Urteil über die Engländer gesprochen; zu dieser Stunde sind sie unser, seid guten Mutes!“ Tollkühn verzichtet sie auf die Vorsicht, die den erfahrenen Krieger auszeichnet. Gelegentlich trifft sie ein Pfeil oder ein anderes Geschoss: Dann lässt sie die Wunde kurz mit Speck und Olivenöl behandeln und stürzt sich unverzüglich von Neuem in die Schlacht.

Soldaten berichten von Wundern: von der Rettung des Herzogs von Alençon, der auf das Drängen der Jungfrau seinen Standort verlässt – auf dem kurz darauf ein Geschoss niedergeht. Oder von dem Hirsch, der bei Patay die Engländer in ihrer Stellung aufscheucht und so Karls Soldaten die Position des Feindes

DIESE FRAU MACHT DER KIRCHE ANGST

IST SIE EINE HEILIGE ODER EINE HEXE?

verrät. 2000 Mann, so behaupten burgundische Chronisten, verlieren die Engländer in dieser Schlacht. Von Jeannes Kameraden seien ganze drei gefallen.

Auch die Städte Troyes und Châlons ergeben sich. Und am 17. Juli zieht der Monarch unter Gesängen, begleitet von Chorherren, Bischöfen und Prälaten, in die Kathedrale von Reims ein, um die Salbung zu empfangen.

Vier Mann hoch zu Ross tragen das Gefäß mit dem heiligen Öl, das einst eine Taube für die Taufe des Frankenkönigs Chlodwig vom Himmel gebracht haben soll. Karl spricht ein Gelübde. Zum Klang des „Te Deum" segnet ein Geistlicher die Krone, das Zepter, die goldenen Sporen. Der König wirft sich auf den Altarstufen nieder, und der Erzbischof streicht ihm das heilige Öl auf Kopf, Brust, Schultern und Armgelenke. Schließlich streift er Karl den Ring über, der das Bündnis zwischen König und Volk besiegelt, und setzt ihm die Krone auf den Kopf – und Jeanne steht dabei, ihre Fahne in der Hand. Nun sei der Beweis erbracht, verkündet sie dem Gekrönten anschließend, „dass Ihr der wahre König seid und der, dem das Reich Gottes gehören muss".

Die heimliche Königin aber ist Jeanne d'Arc selbst. Gleich nach der Krönung vergleicht die berühmte Dichterin Christine de Pizan sie mit biblischen Heldinnen: „Welche Ehre für das weibliche Geschlecht!" Und Alain Chartier feiert Jeanne in hemmungsloser Prosa: „O einzigartige Jungfrau, wert allen Ruhms, aller Lobpreisungen, göttlicher Ehren, du bist die Größte des Königreichs, du bist das Licht der Lilie."

Jeanne d'Arc hat die Mission erfüllt, die ihr die Stimmen aufgetragen haben: Orléans ist befreit, Karl in Reims zum König gesalbt. Doch sie denkt nicht daran, jetzt aufzuhören. Es ist, als hätte sie Gefallen am Nimbus der Retterin gefunden und an diesem Krieg – hinter dem ihr König jedoch offenbar schon längst nicht mehr uneingeschränkt steht.

Noch vor der Krönung haben Karls Gesandte Kontakt zum burgundischen Hof aufgenommen. Am 16. August ziehen Unterhändler zu Philipp dem Guten, Herzog von Burgund und Cousin des Königs, um ihn zur Neutralität im Kampf zwischen den Engländern und Karls Truppen zu bewegen. Fünf Tage später trifft eine burgundische Delegation in der königlichen Residenz zu Compiègne ein und verabredet für alle Gebiete rechts der Seine eine viermonatige Waffenruhe.

Ein tückischer Deal: So können sich die Engländer ungestört nach Paris zurückziehen – und haben Zeit, sich mit Nachschub von der Insel zu verstärken.

Jeanne zeigt sich ernüchtert. „Wie viele Waffenstillstände wurden so schon geschlossen", beschwert sie sich in einem Brief an die Bürger von Reims. „Ich bin damit nicht zufrieden und weiß nicht, ob ich sie einhalten werde." Und drängt zum Angriff auf die Hauptstadt. Der König aber schweigt, als ginge ihn sein Krieg schon nichts mehr an.

Jeannes Treck Richtung Paris trägt bereits Züge einer Prozession. Immer wieder begleiten neugierige Mengen den Marsch auf die Stadt, die noch immer das Herz Frankreichs ist – auch wenn Hunger, Krankheiten und andere Kriegsfolgen die Bevölkerung von rund 200 000 auf etwa 80 000 dezimiert haben. Doch anders als in Orléans sind die Truppen in der Hauptstadt nicht willkommen: Vor der Eroberung durch die Burgunder haben ihre Bürger schlechte Erfahrungen mit den autoritär herrschenden Armagnacs gemacht. Jetzt befestigen und verstärken sie die Stadtmauern, bestücken sie mit Geschützen. Und so sind es nicht die Engländer, die Paris gegen die Truppen des Königs verteidigen, sondern die Pariser selbst.

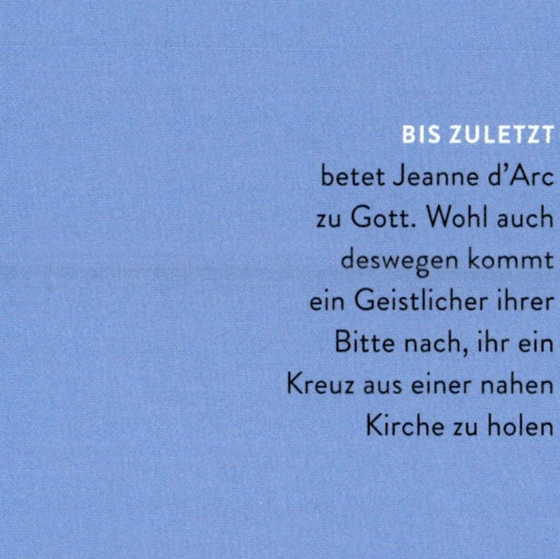

BIS ZULETZT betet Jeanne d'Arc zu Gott. Wohl auch deswegen kommt ein Geistlicher ihrer Bitte nach, ihr ein Kreuz aus einer nahen Kirche zu holen

Am 8. September steht Jeanne mit wohl 3000 Soldaten am Tor Saint-Honoré im Westen der Stadt. Mit erhobener Fahne stürmt sie, begleitet von der Vorhut, voran in die Befestigungsgräben. Der Kampf dauert von Mittag bis Sonnenuntergang, Kanonen und Feldschlangen krachen, Pfeile regnen auf die Angreifer herab. Einer trifft die Jungfrau am Schenkel. Jeanne gibt nicht auf. Noch leidenschaftlicher feuert sie ihre Leute zum Sturm der Mauern an und wehrt sich, als ihre Männer sie aus dem Graben zerren und den Angriff für die Nacht unterbrechen.

Am nächsten Tag befiehlt Karl den Rückzug. Er scheint, wie ein Chronist vermutet, „mit der Gnade des Herrn, die ihm zuteilgeworden war, zufrieden zu sein". Am 21. September erklärt er sein Heer für aufgelöst – und degradiert Jeanne zur Polizeikraft gegen einheimische Raubritterbanden.

Derweil nutzt die englisch-burgundische Koalition die Passivität des Monarchen: Im Frühjahr 1430 landen 2000 Soldaten von der Insel in Calais, rücken burgundische Einheiten Richtung Compiègne vor. Jeanne wartet nicht auf die Reaktion der Krone. Wohl auf eigene Faust zieht sie den Burgundern entgegen – mit einem Häuflein Ritter und etwa 200 piemontesischen Söldnern.

Es ist ein Zug des Fatalismus. Denn die Stimmen haben sie gewarnt. In der Osterwoche haben sie ihr prophezeit, „dass ich gefangen würde noch vor dem Johannistag, und dass es so geschehen müsse". Und so geschieht es auch: Am 23. Mai reißt in einem Gefecht vor Compiègne ein gegnerischer Bogenschütze die Jungfrau vom Pferd und bringt sie in den Gewahrsam eines Vasallen des Burgunderherzogs. Jeanne wird in die Festung Clairoix gebracht.

Die Feinde jubeln. Es ist nicht nur eine Ikone des Gegners, die der Allianz da in die Hände gefallen ist – es ist der Prüfstein ihrer eigenen Legitimität. Wenn Jeanne nicht, wie sie behauptet, von Gott gesandt ist, um Karl VII. als rechtmäßigen König einzusetzen – was bleibt dann von dessen Anspruch übrig?

König Karl macht offenbar keine Anstalten, seine Heldin auszulösen: Er versteht ihren Fall wohl wie ihren Aufstieg als Gottesurteil. Dennoch kaufen die Engländer, um sie nicht doch noch an den Feind zu verlieren, die Gefangene dem Herzog für 10 000 Livres ab. Jeanne wird von Burg zu Burg geschleppt und landet schließlich im englisch kontrollierten Rouen, der Hauptstadt der Normandie.

Man sperrt sie in einen der sieben Türme der Festung Bouvreuil, legt sie in Fußeisen, die nachts an einer Kette unter ihrem Bett befestigt werden. Und wieder sind es nicht die Engländer, die der Jungfrau den entscheidenden Schlag versetzen, sondern Franzosen.

Die Universität von Paris, die wohl höchste theologische Instanz Europas, besteht darauf, die Jungfrau vor ein Inquisitionsgericht zu stellen. Schon länger sehen sich die Glaubenswächter durch abweichende Lehren bedroht – und haben deshalb besonderes Interesse, auch Jeanne als Ketzerin zu überführen. Nicht nur die Legitimität der englischen Herrschaft über Frankreich steht ja auf dem Spiel, sondern auch die Autorität der Kirche, für die Jeannes umweglose Beziehung zu Gott ein Affront ist.

Am 21. Februar 1431 eröffnet Pierre Cauchon, einstiger Rektor der Universität und jetzt Bischof von Beauvais, in der Burg des englischen Königs zu Rouen das Verhör. Laut Protokoll sitzt Jeanne 44 Männern gegenüber, darunter neun Doktoren der Theologie und fünf Doktoren der Rechte – ganz allein: Kein Anwalt steht ihr zur Seite. Zwar sieht die Prozessordnung einen Rechtsbeistand für Angeklagte vor. Doch Jeanne besteht darauf, sich ausschließlich auf den „Rat Gottes“ zu verlassen.

Über 13 Wochen entfaltet sich nun ein absurdes Drama. Die Inquisitoren erkundigen sich nach bizarren Details: Spricht die heilige Margareta Englisch? „Warum sollte sie Englisch sprechen, da sie nicht auf der Seite der Engländer ist?“, antwortet Jeanne.

War der heilige Michael nackt, als er ihr erschien? „Meint ihr, Gott habe nichts, ihn zu kleiden?“

Hatte er Haare? „Warum sollte man sie ihm abgeschnitten haben?“

Um zu beweisen, dass die Jungfrau mit dem Teufel paktiert, unterstellen die Befrager ihr heidnische Bräuche. Fragen nach Tänzen um den „Feenbaum“, die angeblich zauberkräftige Buche am Ortsrand von Domrémy; nach Orakeln, bei denen man kleinen Kindern Wachs auf den Kopf träufelt, oder nach dem Gebrauch der Zauberwurzel Alraune. „Ich habe keine Alraune“, antwortet sie, „noch habe ich je eine gehabt.“ Schließlich lässt die Anklage den Vorwurf der Hexerei fallen.

Doch immer wieder fordern die Inquisitoren, Jeanne möge sich der „streitenden Kirche“ unterwerfen, dem irdischen Apparat aus Papst und Kardinälen, Bischöfen und Prälaten. Jeanne aber besteht darauf, nur dem Herrn zu gehorchen, von dem ihr ihre Visionen künden: „Das, was ich antworte, wurde mir von meinen Stimmen aufgetragen“, sagt sie. „Sie befehlen mir nicht, dass ich der Kirche gehorche, sondern an erster Stelle Gott.“

Vor allem aber kreisen die Fragen um die Männerkleider („kurz, eng und liederlich“), in denen Jeanne auftritt – und diese Obsession wird allmählich zum zentralen Anklagepunkt. Steht nicht im 5. Buch Mose die Weisung: „Eine Frau soll nicht Männersachen tragen, und ein Mann soll nicht Frauenkleider anziehen“? Zwar enthält dasselbe Kapitel auch andere kulturgebundene Gebote wie etwa „Du sollst dir Quasten machen an den vier Zipfeln deines Mantels“ – ohne dass irgendein Christ sich große Mühe gäbe, sie zu befolgen. Zudem haben weder die Bürger von Vaucouleurs, der König noch seine Prälaten bisher an Jeannes Kleidung Anstoß genommen. Doch für die Inquisitoren wird sie zur Zwangsvorstellung.

Am 24. Mai führen die Ermittler die Jungfrau auf den Friedhof der Abtei Saint-Ouen, um sie im Angesicht des Todes zum Widerruf zu bewegen. Ein Prediger spricht über das Johannes-Evangelium: „Die Rebe kann keine Frucht bringen aus sich selber, wenn sie nicht am Weinstock bleibt“ – außerhalb der Kirche,

NOCH WÄHREND sie schon in Flammen steht, soll Jeanne d’Arc den Namen Jesu gerufen haben und der Henker später sagen, er habe eine Heilige verbrannt. Eine Unschuldige. 1456 wird das Inquisitionsurteil revidiert

will er damit sagen, gibt es kein Heil. Dann legen sie ihr eine Urkunde zur Unterschrift vor. Was sie besagt, ist nicht zweifelsfrei überliefert. Wahrscheinlich heißt es darin, Jeanne werde sich der Kirche unterwerfen. Ein Zeuge berichtet, sie habe sich mit ihrer Unterschrift auch verpflichtet, keine Waffen mehr zu tragen. Und: keine Männerkleidung, kein kurzes Haar!

„Tu es gleich", sagen sie, „sonst wirst du noch heute durch das Feuer sterben." Zum ersten Mal wird die Möglichkeit des Martyriums, die seit Wochen über ihrem Leben schwebt, nun konkrete Drohung. Schließlich unterzeichnet Jeanne. Damit steckt sie in der Falle: Denn wird ein Ketzer nach der Abschwörung rückfällig, wird er der weltlichen Gewalt überstellt und von ihr zum Tod verurteilt.

Das Kalkül der Ermittler geht auf. Im Gefängnis, vielleicht bedrängt von zudringlichen Männern, greift Jeanne wieder zu den schützenden Beinkleidern. Und von den Inquisitoren zur Rede gestellt, widerruft sie den Widerruf: Sie beklagt „den großen Jammer meines Verrats", den sie mit der Signatur begangen habe, „um mein Leben zu retten".

„Tödliche Antwort", notiert der Schreiber an den Rand des Protokolls.

Nach Auskunft eines Gerichtsdieners bewachen rund 800 Männer den Feuertod der wohl nicht einmal 20 Jahre alten Kämpferin auf dem Alten Markt von Rouen. Auf Jeannes Bitte holt ein Geistlicher ein Kreuz aus einer nahe gelegenen Kirche und hält es ihr während der Tortur vor die Augen. Er wird sich erinnern, dass Jeanne, „während sie schon in Flammen stand, unaufhörlich bis zuletzt mit lauter Stimme den Namen Jesu rief, dann rief sie flehend und unablässig die Heiligen des Paradieses um Hilfe an".

Selbst die Engländer seien von der Szene zu Tränen gerührt gewesen. Und noch am Abend desselben Tages, berichtet der Geistliche, sei sogar der Henker zu ihm ins Kloster gekommen und habe gesagt, „er befürchte sehr, der Verdammnis anheimzufallen, denn er habe eine Heilige verbrannt".

Vielen Franzosen fällt es schwer, sich mit ihrem Ende abzufinden. So unvorstellbar bleibt ihr Tod, dass noch viele Jahre später Doppelgängerinnen durch die Lande ziehen und vorgeben, die aus englischer Gefangenschaft entkommene Jungfrau zu sein. Und nicht nur Bauern, sondern auch hohe Adelige lassen sich gerne täuschen.

Ein halbes Jahr nach Jeannes Tod wird der zehn Jahre alte englische Monarch Heinrich VI. in Paris zum König von Frankreich gekrönt. Doch die Erfolge Jeanne d'Arcs haben dazu geführt, dass die Burgunder nicht mehr uneingeschränkt auf die Stärke der englischen Alliierten setzen. Immer deutlicher wenden sie sich von ihren langjährigen Partnern ab und dafür den Gegnern aus dem Haus Valois zu: 1435 schließen die beiden einstigen Feinde, der Herzog von Burgund und Karl VII., in Arras einen Bündnisvertrag. Unter Karls Herrschaft gelingt es den jetzt geeinten Franzosen, die Engländer in der Normandie zurückzudrängen. Im November 1449 zieht er feierlich in Rouen ein.

Gleich im Februar 1450 ordnet der König an, den Prozess gegen Jeanne d'Arc neu aufzurollen – und damit den Verdacht zu entkräften, er verdanke sein Königtum einer Ketzerin. Sechs Jahre später wird die Jungfrau offiziell rehabilitiert und ein Exemplar des Gerichtsprotokolls von 1431 feierlich zerrissen.

Und über die Jahrhunderte wird Jeanne d'Arc zur französischen Nationalheldin, die Royalisten ebenso verehren wie Revolutionäre. Denn nur sie, die machtlose, ungebildete Frau aus dem Volk, konnte das zersplitterte Land so glaubwürdig zusammenfügen – unter jener mystischen Idee, die „Frankreich" heißt. ◊

LITERATURTIPPS

GERD KRUMEICH
»Jeanne d'Arc –Seherin, Kriegerin, Heilige«
Gründliche Biografie mit sorgfältiger Abwägung widersprüchlicher Quellen (C. H. Beck).

DAVID GREEN
»The Hundred Years War – A people's history«
Profunde Darstellung des Jahrhundertkonflikts (Yale University Press).

Lesen Sie auch **»Frauen im Mittelalter: Dem Manne untertan«** (aus GEO*EPOCHE* Nr. 94) auf *www.geo-epoche.de*

IN KÜRZE

Mit frommem Eifer erkämpft sich die Bauerntochter Jeanne d'Arc 1429 das Gehör der Mächtigen Frankreichs. Durch ihren Glauben an einen göttlichen Auftrag gelingt es ihr, die königstreuen Truppen hinter dem rechtmäßigen Herrscher zu vereinen. Doch mit ihrem Erfolg, ihrem Eigensinn und ihrer angeblichen Gottesnähe macht sie sich auch Feinde, vor allem in der Kirche – und stirbt am Ende den Feuertod.

Mit Hilfe eines großen Netzwerks beschafft Jacques Cœur aus vielen Teilen Europas Waffen, Lebensmittel und Ausrüstung, die Frankreich für den Kampf gegen die Engländer braucht. Zudem modernisiert er die Wirtschaft des Königreichs – und prägt so das Land nachhaltig

FINANZIER DES

KRIEGES

Der Kaufmannssohn Jacques Cœur ermöglicht dem König von Frankreich kostspielige Feldzüge gegen die Engländer – bis er dem Monarchen zu mächtig wird TEXT: *Jakob Bauer*

Auf sein Glück vertrauen, trotz drohender Todesstrafe. Mehr bleibt Jacques Cœur nicht, hier in seinem Gefängnis in einer Burg von Poitiers, wo er im August 1451 seinen Prozess erwartet. Er, der eben noch zu den mächtigsten Männern Frankreichs gehörte – als Finanzier des Königs.

Über Jahre hinweg hat Cœur die Truppen Karls VII. ausgestattet, so den Fortgang des Kampfes gegen die Engländer gesichert. Doch nun, des Mordes beschuldigt und von der königlichen Gunst verlassen, droht Cœur die Hinrichtung. Es ist der tiefe Fall eines Mannes, der einen Aufstieg feierte, wie ihn Frankreich wohl noch nicht erlebt hat – erst recht nicht von einem Bürgersohn.

Jacques Cœur wird um 1395 im zentralfranzösischen Bourges geboren. Doch der Ehrgeizling will mehr sein als Pelzhändler wie sein Vater. Als Leiter der Münzstätte seiner Heimatstadt verantwortet er das Prägen des königlichen Geldes, bewährt sich in gleicher Position bald auch in Paris.

1438 holt ihn Karl VII. an seinen Hof. Als *argentier*, der Verantwortliche für die Einkäufe des königlichen Haushalts, beschafft er fortan, was immer Karl und seine Entourage benötigen: Pfeffer aus der Levante, fein gearbeitete Rüstungen aus Mailand, Seide aus Florenz. Zudem erfordert der Kampf gegen die Engländer stetigen Nachschub an Lebensmitteln, Waffen und Ausrüstung. Dafür spinnt Cœur ein Netz aus Geschäftspartnern von Schottland bis nach Italien – auch zu seinem eigenen Vorteil.

Indem er sich von der königlichen Kasse und den vielen Adeligen, die er ebenfalls beliefert, oft mehr zahlen lässt, als die Waren ihn gekostet haben, macht Cœur satte Gewinne. Sein wachsender Wohlstand, den er mit verschwenderischen Empfängen sowie dem Bau von Herrenhäusern und einem prächtigen gotischen Palast zeigt, wird von vielen am Hof beargwöhnt – doch die Gunst des Königs, der auf die Dienste seines Argentiers angewiesen ist, schützt den Emporkömmling.

Zumal das Reich von Cœurs Tatkraft profitiert. So treibt er die Salzsteuer ein, drängt lokale Privilegien im Salzhandel zurück. Er gründet Unternehmen, investiert in Bergwerke, erwirbt Handwerksbetriebe – teilweise mit königlichen Geldern, verknüpft sie zu einer gigantischen Maschinerie zur Versorgung des Hofes und des königlichen Heeres.

Der König indes nutzt Cœurs Dienste mehr, als er es sich leisten kann. Mehrere Male leiht Cœur dem Herrscher große Summen. Auch als Karl Ende der 1440er Jahre die Rückeroberung der letzten von den Engländern besetzten Gebiete in der Normandie vorbereitet – ohne Cœurs Geld könnte er diesen Feldzug kaum finanzieren.

In Diensten des Königs gewinnt Cœur stetig an Einfluss. Schon 1441 adelt Karl ihn, nimmt ihn im Folgejahr in den königlichen Rat auf. Hier berät Cœur den Herrscher nun gemeinsam mit Frankreichs bedeutendsten Würdenträgern und Gelehrten zu Vertragsabschlüssen und Erlassen.

Als Karl nach erfolgreichem Vormarsch in die Normandie in Rouen einzieht, reitet Cœur zusammen mit hochrangigen Persönlichkeiten an der Spitze der Parade: Der Satinüberwurf seines Pferdes und das Marderfell auf seiner samtenen Jacke glänzen im Tageslicht.

Doch seine Macht lässt die Missgunst unter Karls Höflingen wachsen – und bringt ihn schließlich abrupt zu Fall.

1451 beschuldigt ihn die Frau eines bei Cœur verschuldeten Adeligen, die jäh verstorbene Geliebte des Königs vergiftet zu haben. Haltlose Vorwürfe, dennoch befiehlt Karl im Juli 1451 Cœurs Verhaftung. Vielleicht möchte er sich selbst von seinen Schulden bei Cœur befreien – und der Krieg in der Normandie, für den er ihn so dringend brauchte, scheint gewonnen.

Den Mordvorwurf muss das königliche Tribunal fallen lassen, spricht den einstigen Günstling aber des Waffenschmuggels, der Unterschlagung und weiterer Vergehen für schuldig. Die angedrohte Todesstrafe wird umgewandelt in eine lebenslange Haft sowie eine hohe Geldzahlung.

Doch Cœur gelingt ein letzter Coup. 1454 flieht er mit Hilfe seiner Söhne und einiger Freunde aus dem Gefängnis, tritt in Rom in die Dienste des Papstes, der schon während des Prozesses für ihn eingetreten war. Zudem gelingt es ihm, Teile seines weit verstreuten Vermögens nach Rom zu schmuggeln. Zwei Jahre nach seiner Flucht stirbt Jacques Cœur – als reicher Mann. ◊

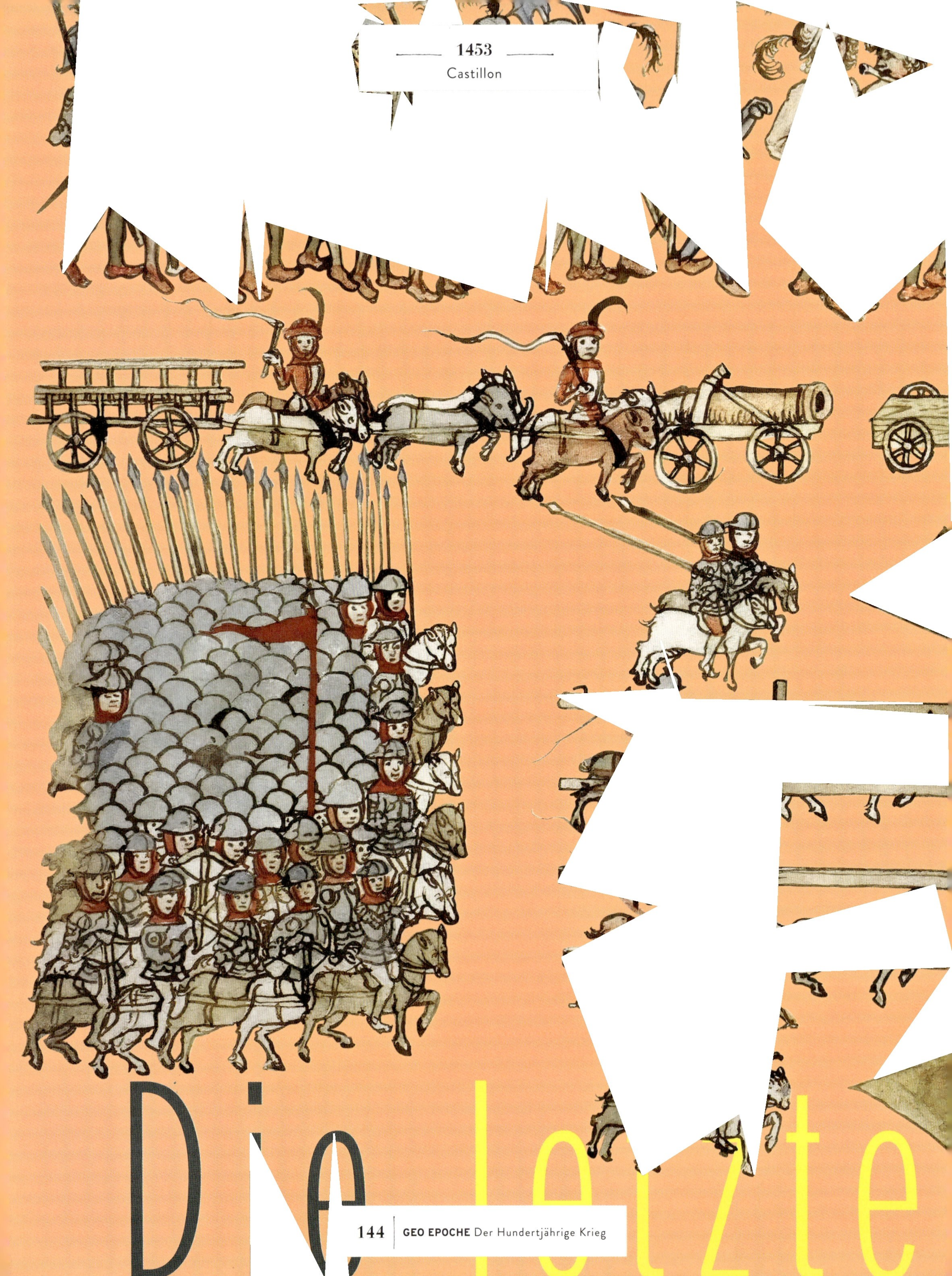

Die letzte

EINE HANDSCHRIFT aus dem Jahr 1496 zeigt exemplarisch die verschiedenen Abteilungen eines Heeres: Fußvolk, Spielleute, Pferdegespanne mit Geschützen, Reiter und einen Streitkarren mit Belagerungsgerät

Im Juli 1453 stehen sich bei Castillon Tausende englische und französische Soldaten gegenüber. Der englische Feldherr John Talbot weiß, dass vom Ausgang des anstehenden Kampfes Englands Halt auf dem Kontinent abhängt – und sich damit wohl auch entscheidet, ob sein König das epische Ringen um die Macht in Frankreich endgültig aufgeben muss

TEXT: *Jasmin Lörcher*

SCHLACHT

Vom Rücken seines Pferdes erblickt John Talbot die französische Armee. Nahe der kleinen Stadt Castillon, knapp 50 Kilometer östlich von Bordeaux am Fluss Dordogne gelegen, hat sie sich gesammelt: Dicht an dicht stehen wohl einige Hundert Kanonen, die Läufe auf das Areal rund um das durch einen Graben und Holzpalisaden geschützte Lager gerichtet, in dem sich etwa 7000 Kämpfer drängen.

Talbot, der englische Heerführer, hat an diesem 17. Juli 1453 vermutlich nur 500 gepanzerte Reiter und 800 ebenfalls berittene Bogenschützen an seiner Seite. Die Fußtruppen seiner 6000 Mann starken Armee haben noch nicht zu ihm aufgeschlossen.

JOHN TALBOT genießt als erfahrener Heerführer das Vertrauen des englischen Königs. Doch er unterschätzt die Schlagkraft der französischen Artillerie

Der Heerführer, so die Überlieferung, sitzt ungeschützt im Sattel, ohne Helm und Harnisch. Getreu dem Schwur, den er angeblich Frankreichs König Karl VII. drei Jahre zuvor bei seiner Freilassung aus französischer Gefangenschaft gegeben hat: nie wieder in voller Rüstung gegen ihn zu Felde zu ziehen.

Für Karl kam dieses Versprechen wohl einer Garantie gleich, dass der Engländer sich von nun an aus dem Krieg heraushalten würde. Für Talbot aber bedeutete es offenbar nur, dass er fortan eben ohne Panzerung das tun würde, wofür er seit Jahrzehnten bewundert und gefürchtet wird: kämpfen.

Talbot, bekannt für seine schnellen, aggressiven Attacken auf den Gegner, streitet seit 1420 für die Ziele der englischen Krone in Frankreich. Die Mächtigen auf der Insel schätzen ihn als ihren besten Feldherrn. Doch zuletzt gab es Niederlagen, auch für Talbot. Seit sich der Herzog von Burgund 1435 mit der französischen Krone versöhnt und das zuvor bestehende Bündnis mit Englands König aufgekündigt hat, sind diesem große Gebiete in Frankreich verloren gegangen, die Grafschaft Maine und schließlich auch die gesamte Normandie.

Im Sommer 1453 soll Talbot die letzte bedeutende Bastion des englischen Herrschers in Frankreich verteidigen: die Gascogne im Südwesten des Landes mit der Handelsmetropole Bordeaux. Scheitert er, bleibt den Engländern nur das kleine Gebiet um die Stadt Calais im Norden.

Gleich mehrere französische Armeen ziehen Richtung Bordeaux. Dort harrt Talbot aus. Er weiß: Für die gesamte Streitmacht des Gegners sind seine eigenen Truppen nicht stark genug. Doch sobald sich die Gelegenheit ergibt, einen der Verbände mit einem schnellen Marsch zu erreichen und überraschend zu attackieren, will er losschlagen, um die feindliche Armee möglichst vernichtend zu schlagen, bevor ihr eine der anderen zu Hilfe eilen kann.

Im Juli erreichen französische Truppen Castillon und errichten unweit der Stadt ihr Lager – und Talbot wagt tatsächlich den Angriff. Offenbar ist er siegessicher, bei allen Rückschlägen zuletzt: Denn haben seine Engländer die Franzosen nicht schon oft besiegt – nahezu immer, wenn es darauf ankam?

Womöglich unterschätzt Talbot aber auch einfach die verheerende Wirkung der gegnerischen Artillerie, als er seine Truppen in jene Schlacht führt, die die letzte des Hundertjährigen Krieges sein wird.

Seit 1337 schon tobt das epische Ringen um den Anspruch der englischen Herrscher auf Gebiete in Frankreich und auf den französischen Thron. Und hat nur so lange andauern können, weil die Engländer, mit weniger Mitteln und Männern ausgestattet als Frankreich, in den großen Feldschlachten bei Crécy, Poitiers und Azincourt spektakuläre, unerwartete Siege gefeiert haben – durch kluge Strategie und überlegenes Kriegsgerät.

So hat es sich aus englischer Sicht immer wieder bewährt, dass die schwer gerüsteten englischen

IM LAUFE DES 15. JAHRHUNDERTS wandelt sich der Waffenbau: Die Artillerie wird leichter, beweglicher und gleichzeitig effektiver. In seinem Werk von 1496 präsentiert der pfälzische Büchsenmeister Philipp Mönch den zeitgenössischen Stand der Technik: Karren mit höhenverstellbaren Geschützen und wohl bronzenen Kanonenrohren

DREI MÄNNER bringen einen mit einem Tierkopf verzierten Rammbock in Stellung: Die eisenbeschlagene Belagerungswaffe wird über Räder und quer gelegte Stangen mit Wucht auf ihr Ziel zubewegt

Reiter in Gefechten von ihren Pferden abgesessen sind, sich in enger Formation zusammengeschlossen und mit ihren Lanzen die Kavallerie des Gegners auf Distanz gehalten haben. Dass sich in ihrem Schutz die englischen Bogenschützen mit ihren mannshohen Langbögen, den französischen Armbrüsten an Reichweite deutlich überlegen, aufgestellt und Schuss um Schuss abgegeben haben.

Doch bei allen Erfolgen: Die Feldzüge und vor allem die Verteidigung der in Nordfrankreich eroberten Gebiete belasten die englischen Staatsfinanzen zunehmend. Immer wieder muss die Krone Darlehen aufnehmen, um den Krieg fortführen zu können – für größere Investitionen in das Heer aber reichen diese Kredite nicht.

Während das englische Militär sich so vergleichsweise langsam weiterentwickelt, beginnt der französische König ab 1439, seine Streitkräfte völlig neu aufzustellen. Karl VII., 1422 als junger, vermeintlich schwacher Herrscher an die Macht gekommen, hat sich als kühl kalkulierender, durchsetzungsstarker Monarch erwiesen – auch dank des Beistands der Bauerntochter Jeanne d'Arc (siehe Seite 126). Vor allem seit der Einigung mit Burgund ist es ihm gelungen, seinen Führungsanspruch zu untermauern – zumal gegenüber den mächtigen Adeligen in seinem Reich.

Zwar leidet auch Karl unter permanenter Geldnot. Aber er nutzt seine zunehmend sichere Machtposition für tiefgreifende Reformen.

So lässt er sich zunächst von den Ständen per Gesetz zusichern, dass er allein – statt wie bisher auch die Herzöge – ein Heer aufstellen darf, schafft einen festen Etatposten für die Armee und erhebt dafür eine direkte Steuer.

Von dieser *taille royale* sind Adel und Klerus zwar befreit. Doch weil Karl mit dem Monopol über das Militär auch das Aufstellen von Söldnertruppen unterbindet, wie sie der Adel regelmäßig zur Verfolgung eigener Interessen in den Dienst nimmt, muss der Regent Widerstände im Inneren überwinden: 1440 verschwören sich die Herzöge von Alençon und Bourbon sowie weitere hochrangige Aristokraten gegen ihn.

Der Praguerie, wie die Revolte in Anlehnung an einen Aufstand in Prag getauft wird, mangelt es jedoch an Rückhalt, weil das Land kriegsmüde ist und Karl die Bürger in den Städten auf seiner Seite hat. Nach wenigen Monaten kann der König die Rebellion niederschlagen.

Seine Armee dringt nun in die von den Engländern kontrollierte Normandie vor, die nach jahrelangem Krieg und Wirtschaftskrisen so verarmt und verlassen ist, dass kaum noch Steuern eingenommen oder Soldaten angeworben werden können – Geld und Männer für die Verteidigung müssen aus England selbst kommen. Von dort werden bis 1443 mehr als 13 000 Soldaten nach Frankreich verschifft.

Im Jahr 1441 belagert Karl die Stadt Pontoise. Besorgt um den wichtigen englischen Außenposten vor Paris, schicken die Engländer ihren bewährten Feldherrn John Talbot zur Verteidigung, der mit seinen Truppen mehrfach kampflos in die Stadt gelangt, weil der französische König den Zusammenstoß scheut und sich zwischenzeitlich sogar zurückzieht.

Doch auch die Engländer können ihre Stellung nicht halten, es mangelt ihnen an Versorgung. Schließlich nimmt Karl die Belagerung erneut auf, lässt Pontoise mit seinen Kanonen beschießen. Zwar kommen pulvergetriebene Geschütze schon seit 100 Jahren bei Belagerungen zum Einsatz. Die großen Modelle dieser Zeit müssen aber so aufwendig beladen werden, dass sie mitunter nur drei Schüsse pro Tag abgeben können, und ihre steinernen Geschosse können zwar Wachtürme und Gebäude innerhalb einer Stadt zerstören, vermögen aber nicht die stärkeren Mauern der Befestigungsanlagen ernsthaft zu beschädigen oder gar zu durchschlagen.

Doch Karl fährt nun modernere Geschütze auf, die deutlich einfacher zu bedienen sind und sich vor allem durch längere Läufe auszeichnen: So können sie mit weit höherer Schlagkraft feuern, zudem lassen sie sich auch erheblich besser auf ein Ziel ausrichten.

Wegen ihrer Schwerfälligkeit ist ihr Einsatz weitgehend auf Belagerungen beschränkt. Aber statt feindliche Städte viele Monate lang einzukesseln, bis die ausgehungerte Besatzung schließlich aufgibt, können die Kanoniere Mauern nun in wenigen Wochen, manchmal Tagen sturmreif schießen – so auch in Pontoise.

Talbot zieht sich nach Rouen zurück und konzentriert sich in den nächsten Jahren auf die Verteidigung der Normandie. Karl dagegen rückt 1442 nach Südwesten vor und erobert bald große Teile der Gascogne.

Die englische Krone, finanziell und militärisch angeschlagen, tritt 1444 in Friedensverhandlungen ein. Doch weil die englische Seite trotz der eigenen Schwäche weiter die Gascogne und die Normandie als souveränen Besitz für sich fordert und Karl VII. nicht einmal als rechtmäßigen französischen Herrscher anerkennt (der ist nach englischer Sichtweise der eigene Monarch Heinrich VI., der 1431 als Neunjähriger von seinen Unterstützern auch zum König von Frankreich gekrönt wurde), können sich die Parteien im Mai 1444 nur auf einen zeitweiligen Waffenstillstand einigen.

Karl nutzt die Ruhepause, um sein Heer systematisch für einen endgültigen Sieg über die Engländer zu rüsten.

1445 ordnet er die Aufstellung von 15 Kompanien an, erhöht deren Zahl bald auf 18. Jede Kompanie ist 600 Mann stark, aufgeteilt in 100 Untereinheiten mit in der Regel je einem schwer gepanzerten Reiter, einem leichter ausgerüsteten Kämpfer zu Pferde, zwei Bogenschützen, einem Knap-

Das **LAND** wird kriegsmüde

KÖNIG KARL VII. von Frankreich setzt auf moderne Waffen und reformiert den Aufbau seiner Streitkräfte. Tausende Reservisten stehen stets zu seiner Verfügung

pen und einem Knecht. Diese ständig bereiten Truppen lässt Karl über sein gesamtes Reich verteilen, weitere Einheiten mit insgesamt 3000 bis 4000 Kämpfern in wichtigen Städten stationieren.

1448 verpflichtet er überdies jeden Kirchenbezirk zur Abstellung eines Fußsoldaten: Die insgesamt rund 8000 *francs-archers*, „freie Bogenschützen", sind als Reservisten ständig auf Abruf und dafür von allen Steuern befreit.

Zudem nimmt er bewährte Truppenführer in seinen Dienst, bindet so Adelige per Vertrag an sich, auch ehemalige Widersacher.

Eine steile Karriere machen die Brüder Jean und Gaspard Bureau – erst in der zivilen Verwaltung, dann auch in der Armee: Jean Bureau, einst im von den Engländern besetzten Paris am Gericht tätig, tritt 1436 als Steuereinnehmer in Karls Dienst und steigt zum königlichen Schatzmeister auf. Mit Gaspard, der als fähiger Techniker zum Artilleriemeister ernannt wird, baut er ein Arsenal von Pulvergeschützen auf – bald eine der wichtigsten Waffen der französischen Armee.

Schon kurz nach Bureaus Amtsantritt investiert die französische Staatsführung doppelt so viel in die Artillerie wie in Bögen, Lanzen und anderes konventionelles Kriegsmaterial – finanzierbar ist das über die königliche Armeesteuer und dank Jean Bureaus straffer Verwaltung.

Französische Kanonenbauer und Schmiede arbeiten unablässig an Verbesserungen. Sie perfektionieren die Technik, Eisenstäbe passgenau zu Röhren zu formen, die von eisernen Ringen zusammengehalten werden. So können sie große Geschütze mit langen Läufen fertigen.

Kanonen statt PFEIL und BOGEN

Die Brüder Bureau nutzen vermutlich bereits auch aus Bronze gegossene Rohre, die höheren Kräften standhalten können, sowie Eisenkugeln, die genauer in die Kanonenläufe passen und eine größere Durchschlagskraft erreichen als Steingeschosse.

Das Schießpulver mischen die Artilleristen nass und trocknen es dann in Körnern, die nicht mehr in ihre Bestandteile zerfallen und deren Brenngeschwindigkeit höher ist, sodass die Treibladung konzentrierter explodiert und das Projektil stärker beschleunigt. Dank beräderter Untersätze sind die Geschütze zudem einfacher und schneller zu bewegen.

Mit dieser modernen Artillerie zieht Karls Armee gegen die Engländer, als die Kämpfe nach einem englischen Angriff in der Bretagne 1449 wieder aufflammen. Gleich vier französische Heere dringen in die benachbarte, noch weitgehend unter englischer Kontrolle stehende Normandie ein.

Karl führt den Angriff auf Rouen. Talbot kann die Einnahme der Stadt durch die Franzosen nicht verhindern – und kommt in französische Gefangenschaft.

Karl lässt seinen Widersacher erst wieder frei, nachdem die Franzosen im folgenden Jahr fast alle weiteren englischen Stützpunkte in der Normandie erobert haben – und der Feldherr ihm angeblich das Versprechen gegeben hat, nie wieder in Rüstung gegen ihn zu ziehen.

Nach der Eroberung der restlichen Normandie marschieren die Franzosen auf die Gascogne im Südwesten. Schon einmal hatte Karl dort große Gewinne errungen, musste nur Bordeaux in englischer Hand lassen. Doch die Region, die seit Jahrhunderten unter der Herrschaft der englischen Könige steht und ihren Wohlstand den regen Weinexporten nach England verdankt, sieht Karl VII. nicht als Befreier. So bringen die Truppen des Königs 1451 zwar alle verbliebenen Festungen der Engländer und sogar die Stadt Bordeaux unter ihre Kontrolle – doch kaum stellt ihr Gouverneur erste Steuerforderungen, wenden sich die Bürger hilfesuchend an Englands König.

Noch einmal entsendet Heinrich VI. seinen erfahrensten Feldherrn auf den Kontinent: 1452 setzt der mittlerweile etwa 65-jährige Talbot nach Frankreich über, zieht nahezu kampflos in Bordeaux ein und erobert bis Ende des Jahres die umliegende Gegend. Im folgenden Frühling trifft sein Sohn John mit einigen Tausend Mann Verstärkung ein. Insgesamt rund 6000 englische Soldaten, unterstützt durch die Truppen von verbündeten Adeligen aus der Gascogne, hat Talbot im Sommer 1453 zur Verfügung. In Bordeaux will er den Angriff der Franzosen abwarten.

Karl lässt seine Truppen von drei Seiten vordringen. Jean Bureau, der neben seinen Verwaltungsaufgaben auch an Feldzügen teilnimmt, führt das Kommando, als eine der Armeen Mitte Juli rund zwei Kilometer von Castillon ihr Lager aufschlägt. Geschickt nutzt er die Landschaft für die Verteidigung der Stellung: An der Nordseite des Camps dient ihm der kleine Fluss Lidoire als Wassergraben und dessen steiles Ufer als Schutzwall. Im Osten, Süden und Westen legen Arbeiter einen künstlichen Graben sowie Palisaden an, entlang derer sie die

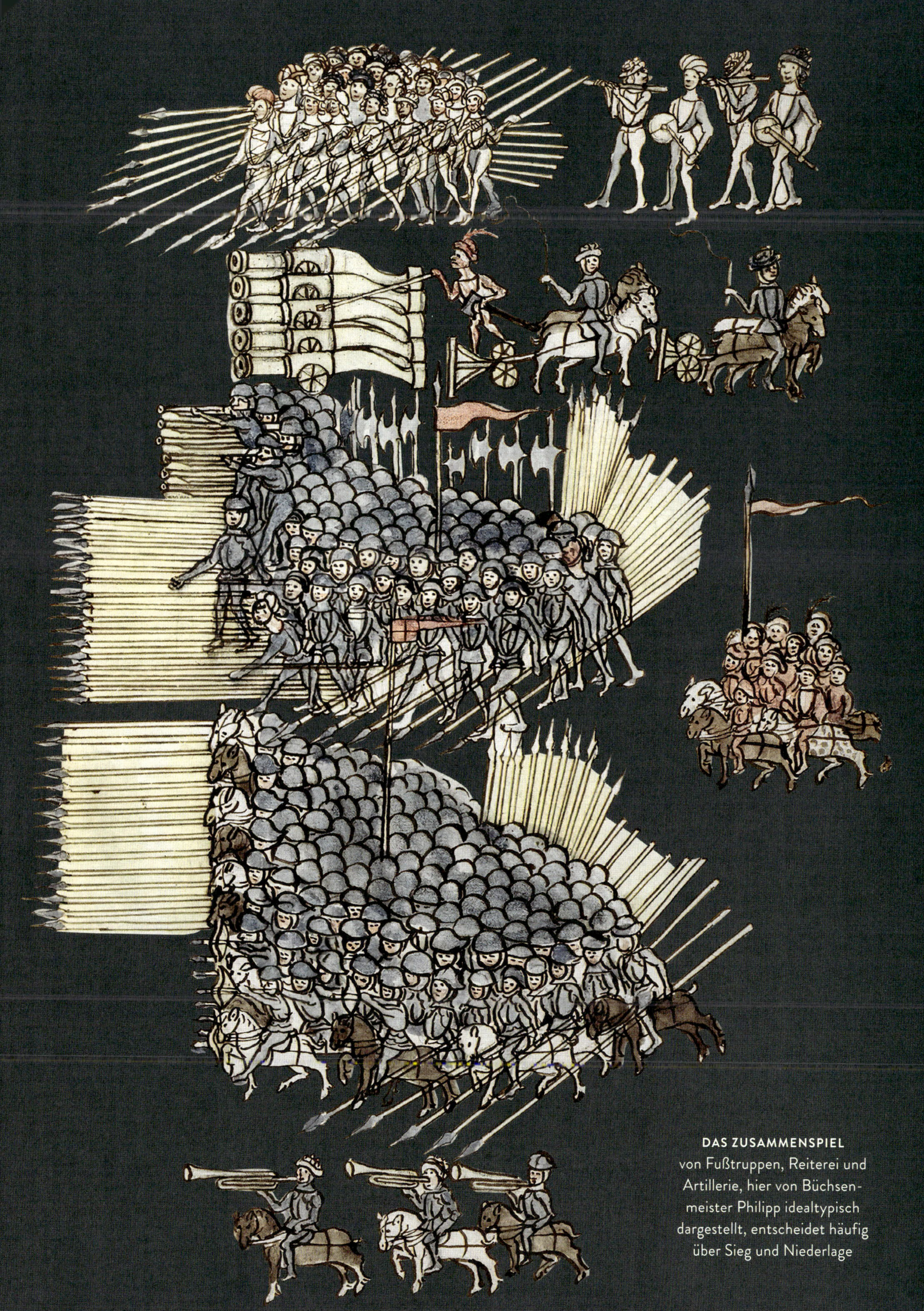

DAS ZUSAMMENSPIEL von Fußtruppen, Reiterei und Artillerie, hier von Büchsenmeister Philipp idealtypisch dargestellt, entscheidet häufig über Sieg und Niederlage

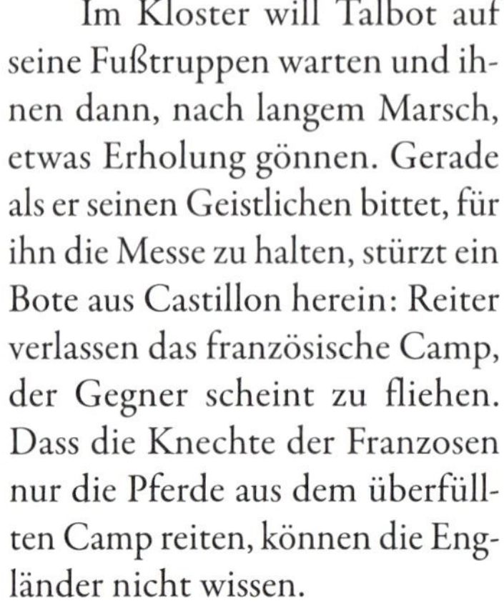

Geschütze aufreihen. Einige Hundert Meter weiter südlich verläuft zudem die Dordogne.

1000 Bogenschützen stationieren die Franzosen als Außenposten in einem Kloster nördlich von Castillon. Weitere 1000 Kämpfer aus der Bretagne, Reiter und Fußsoldaten, stehen bei einem Hügel nördlich des Lagers.

Talbot, sein Sohn und das englisch-gascognische Heer verlassen Bordeaux morgens am 16. Juli gen Castillon. Bis Sonnenuntergang marschieren Talbots Truppen, nach einigen Stunden Rast führt er sie um Mitternacht erneut voran. Mit einer 1300 Mann starken Vorhut aus gepanzerten Reitern und berittenen Bogenschützen überrascht er bei Sonnenaufgang die französischen Soldaten in der Probstei. Die haben kaum eine Chance und wenden sich zur Flucht. Viele von ihnen sterben, manche retten sich ins französische Feldlager.

JEAN BUREAU steigt unter Karl VII. zum königlichen Schatzmeister auf. Im Kampf gegen die Engländer führt er 1453 zudem das Kommando über die französische Artillerie

Im Kloster will Talbot auf seine Fußtruppen warten und ihnen dann, nach langem Marsch, etwas Erholung gönnen. Gerade als er seinen Geistlichen bittet, für ihn die Messe zu halten, stürzt ein Bote aus Castillon herein: Reiter verlassen das französische Camp, der Gegner scheint zu fliehen. Dass die Knechte der Franzosen nur die Pferde aus dem überfüllten Camp reiten, können die Engländer nicht wissen.

Talbot befiehlt den sofortigen Aufbruch und schwingt sich selbst auf sein Pferd: Er will dem vermeintlich zurückweichenden Gegner nachsetzen und das französische Heer mit einem aggressiven Vorstoß zerschlagen.

Nachdem seine Reiter gut einen halben Kilometer westlich des französischen Camps den kleinen Fluss Lidoire durchquert haben, absitzen und sich auf der Südseite des Lagers mit der Dordogne im Rücken formieren, blicken sie in die Läufe der französischen Artillerie. Talbot muss einsehen, dass der Gegner keineswegs auf der Flucht ist. Und er weiß nicht, wann seine Fußsoldaten zu ihm aufschließen werden.

Ihm ist klar, dass von dieser Schlacht Englands Halt auf dem Kontinent abhängt. Vielleicht sieht er seine einzige Chance darin, den Gegner zu überrumpeln, bevor der seine Kämpfer und vor allem seine Kanonen noch besser in Stellung bringen kann. Vielleicht ist es aber auch Hybris, gespeist aus den vielen scheinbar aussichtslosen Kämpfen, die er gewonnen hat, die den Feldherrn zu der verhängnisvollen Entscheidung bewegt anzugreifen.

Der Schlachtruf ertönt, die Engländer stürmen los – ins Verderben. Die französische Artillerie nimmt die zu Fuß attackierenden Kämpfer unter Beschuss. Manche Projektile reißen gleich fünf oder sechs Männer in den Tod.

Nur manche Engländer schaffen es, den Graben zu erreichen, den die Franzosen vor ihrem Camp ausgehoben haben, und den dahinter aufgeschütteten Erdwall zu erstürmen. Talbots Standartenträger kämpft sich zum Eingang des Feldlagers durch und pflanzt das englische Banner auf. Doch schon im nächsten Moment sinkt er tödlich verwundet zu Boden.

Als stoßweise endlich die englischen Fußtruppen eintreffen, schickt Talbot sie in das Gemetzel. Womöglich auf rund 4000 Mann schwillt die englische Truppe zwischenzeitlich an. Mehr als eine Stunde rennen die Männer in Wellen an. Diejenigen, die tatsächlich bis zu der Befestigung der Franzosen vordringen, versuchen im erbitterten Nahkampf, das Lager zu erstürmen – doch erfolglos.

Mit der Zeit ermüden aber auch die Verteidiger. Da kommen auf ein Kommando die 1000 Bretonen von der Anhöhe herab, überqueren die Lidoire und stoßen in die offene rechte Flanke des englischen Heers.

Talbot beordert einen Teil seiner Männer, den Angriff der Bretonen abzuwehren. Als die Franzosen im Lager erkennen, dass sich dadurch die Frontlinie der Engländer ausdünnt, sehen sie ihre Chance, den Angriff endgültig zu brechen. Sie stürmen aus ihrer Verteidigungsanlage heraus. Bedrängt von den heranstürzenden Franzosen, ziehen sich die Engländer in Richtung der Dordogne zurück. Viele ertrinken beim panischen Versuch, den Fluss zu durchqueren, andere retten sich über eine Furt ans andere

Ufer. Und manchen gelingt auch die Flucht nach Castillon.

Wohl während er noch versucht, den Rückzug seiner Leute abzusichern, trifft eine Kanonenkugel das Pferd von John Talbot. Das Tier stürzt und klemmt den Heerführer unter sich ein. Ein französischer Fußsoldat, so berichtet es ein Chronist, stürmt herbei und tötet den hilflos am Boden Liegenden mit einem Axthieb auf den Schädel.

Am Nachmittag ist der Angriff der Engländer gescheitert, die verbliebenen Truppen haben die Flucht ergriffen.

Talbots Leiche wird am Tag darauf geborgen und an Ort und Stelle beerdigt – angeblich ist es Talbots Herold, der zum Schlachtfeld zurückkehrt und den übel zugerichteten Körper seines Herren aufgrund eines fehlenden Backenzahns identifiziert.

Talbots Tod und die verheerende Niederlage bei Castillon brechen endgültig den englischen Kampfeswillen. Karl nimmt schnell die letzten Stützpunkte ein, die noch von Engländern und verbündeten Gascognern gehalten werden, erobert die Region vollends für Frankreich zurück.

Damit bleibt auf dem Kontinent einzig das winzige Gebiet um Calais unter englischer Herrschaft – nach mehr als 380 Jahren haben Englands Könige ihre Festlandbesitzungen nahezu verloren.

In London erleidet Heinrich VI. einen Nervenzusammenbruch und sinkt in eine Geisteskrankheit. Bald kämpfen die Häuser York und Lancaster um die englische Krone – ein Konflikt, der das Land in die jahrzehntelangen „Rosenkriege" stürzt und derart lähmt, dass an eine Fortsetzung des Konflikts mit Frankreich nicht zu denken ist: So findet der Hundertjährige Krieg, obgleich niemals offiziell durch ein Abkommen beendet, de facto mit dem englischen Scheitern im Jahr 1453 seinen Abschluss (erst 1801 allerdings verzichtet der englische Monarch auf den Titel des Königs von Frankreich).

Karl VII. führt sein Land hingegen zusammen. Mit dem Monarchen als unbestrittenem Machthaber und oberstem Heerführer sowie einer effizienten zentralen Verwaltung und einem straffen Steuersystem schickt sich Frankreich an, zur Hegemonialmacht in Europa aufzusteigen.

Nicht zuletzt hat der Krieg das Selbstverständnis der beiden Gegner verändert. Je länger die Kämpfe andauerten, desto stärker wuchs bei den meisten Franzosen der Unmut gegen die englische Fremdherrschaft, ihr Hass auf die marodierenden Heere; und desto weniger sahen wiederum viele Engländer einen Sinn in einem Krieg auf dem Kontinent, der die Staatskassen ruinierte.

Aus dem Ringen, das als Konflikt zweier mittelalterlicher Lehnsverbände begonnen hatte, bei dem sich der König und seine Vasallen zu gegenseitiger Treue verpflichteten und Bündnisse nach persönlichen Loyalitäten und Ambitionen schlossen, erwuchs so zusehends eine englisch-französische Feindschaft – geprägt von der Ablehnung des jeweils anderen Landes und dem Stolz auf das eigene.

1337 begann der Hundertjährige Krieg als Duell zweier Dynastien – aus ihm hervor gehen 1453 zwei Reiche, die auf dem Weg sind, Nationen zu werden. ◊

LITERATURTIPPS

DAVID NICOLLE
»The Fall of English France 1449–53«
Versierte militärhistorische Betrachtung der letzten Jahre des Krieges (Osprey).

MANFRED CLAUSS
»Militärgeschichte des Mittelalters«
Kurz gefasster Überblick (C. H. Beck).

Lesen Sie auch **»Rosenkriege: Richard III.«** – England nach dem Hundertjährigen Krieg (aus GEO*EPOCHE* Nr. 49) auf *www.geo-epoche.de*

IN KÜRZE

Fast 120 Jahre lang ringen Engländer und Franzosen um Macht und Besitz in Frankreich. Als die Franzosen schon fast alle englischen Stützpunkte erobert haben, schickt Heinrich VI. Soldaten auf den Kontinent, um seine Bastion in der Gascogne zurückzugewinnen. Die Engländer erleiden am 17. Juli 1453 eine verheerende Niederlage, die gleichzeitig das Ende des Hundertjährigen Kriegs besiegelt.

Kriegsfolgen
EIN NEUES GEFÜHL

Der Hundertjährige Krieg hat nicht nur die politische Landkarte des Mittelalters verändert, sondern auch einen Bewusstseinswandel bei Franzosen und Engländern ausgelöst. Ein Blick auf eine entscheidende Phase in der Geschichte zweier zukünftiger Großmächte

INTERVIEW: *Joachim Telgenbüscher und Johannes Teschner*

DAVID GREEN
Der Historiker lehrt britische Geschichte am Harlaxton College in England. Seine Doktorarbeit schrieb er über den »Schwarzen Prinzen«. 2014 veröffentlichte Green das Buch »The Hundred Years War – A people's history«

GEOEPOCHE: *Herr Dr. Green, Sie sind Experte für die Geschichte des Hundertjährigen Krieges. Aber taugt dieser Begriff überhaupt etwas? Erstens hat der Krieg mit 116 Jahren deutlich länger gedauert, und zweitens hat die Rivalität zwischen Frankreich und England lange zuvor begonnen und auch danach nicht aufgehört. War dieser sogenannte Krieg also in Wahrheit nur eine besonders intensive Phase in einem viel längeren Konflikt?*

DR. DAVID GREEN: Zunächst einmal ist dieser Name eine Erfindung moderner Historiker und nicht ein politischer Fakt. Er ist erst im 19. Jahrhundert geprägt worden, als sich meine Zunft zunehmend professionalisierte. Und natürlich haben Sie recht: Der Hundertjährige Krieg ist eingebettet in eine sehr viel längere Geschichte. Wenn Sie so wollen, lässt sich der anglo-französische Gegensatz bis zur normannischen Eroberung von 1066 zurückverfolgen. Und auch nach dem Jahr 1453 war nicht für immer Schluss mit den Feindseligkeiten. Englische Könige haben später mehrfach Invasionen angeführt – von den großen Konfrontationen des 18. und 19. Jahrhunderts ganz zu schweigen. Trotzdem bedeutete der traditionelle Endpunkt des Hundertjährigen Krieges wirklich etwas. Danach veränderten sich die Dinge.

Obwohl die Engländer ihren Anspruch auf den französischen Thron nicht aufgegeben haben.

Richtig. Das haben sie erst 1801 getan, als die französische Krone ohnehin nur noch eine Fiktion war. Der König war ja während der Revolution gestürzt und geköpft worden. Der entscheidende Punkt ist, dass die Engländer nach 1453 nie wieder einen systematischen Versuch unternommen haben, die Gascogne zurückzuerobern. Das war ja der große Zankapfel zwischen Franzosen und Engländern ...

... und der Auslöser des Hundertjährigen Kriegs im Jahr 1337. Es gibt ja durchaus eine Debatte in der Forschung über die Frage, ob König Eduard III. zu diesem Zeitpunkt wirklich die französische Krone für sich gewinnen wollte oder ob es ihm nur um eine bessere Verhandlungsbasis ging. Was denken Sie?

Anfangs hat Eduard jedenfalls nicht lautstark Anspruch auf den französischen Thron erhoben. Das kam erst im Jahr 1340. Ich denke also, dass er sich zu Beginn wahrscheinlich nur ein Druckmittel verschaffen wollte. Wenn ihm sein Gegner Philipp VI. damals einen Deal angeboten hätte – „Ich gewähre Dir die souveräne Herrschaft über die Gascogne, und Du verzichtest dafür auf meine Krone" –, dann hätte Eduard das vermutlich akzeptiert. Später, nach der Schlacht von Poitiers im Jahr 1356, als Eduard III. den französischen Monarchen gefangen genommen hatte und Frankreich sich selbst zerfleischte, sah das anders aus.

Nun war die Königswürde auf einmal ein sehr viel realistischeres Ziel?

Absolut. Als Eduard zu seinem Feldzug des Jahres 1359 aufbrach, nahm er sogar eine Krone mit! Passenderweise marschierte er zunächst nicht auf Paris, sondern auf Reims, die Krönungsstadt der Franzosen. Das Ganze hatte aber auch eine Kehrseite: Nachdem die Engländer die Krone einmal beansprucht hatten, war es sehr schwierig, diese Ambitionen wieder aufzugeben.

Ist das auch ein Grund, warum dieser Krieg so lange gedauert hat?

Das mag eine Rolle gespielt haben. Ein anderer Grund für die ungewöhnliche Länge des Konflikts hatte mit dem Papsttum zu tun.

Inwiefern?

Nun, traditionellerweise war der Heilige Vater ein neutraler Schlichter, der zwischen christlichen Herrschern vermitteln konnte. Das Problem im 14. Jahrhundert war nur, dass die Päpste mittlerweile nach Avignon umgesiedelt worden waren. Deshalb wurden sie immer stärker als Marionette der französischen Monarchen betrachtet. So ganz falsch war das nicht: Sie hatten sicherlich mehr Verständnis für die französischen Ziele und Ambitionen. Was wiederum dazu geführt hat, dass die Engländer allen Vermittlungsversuchen der Päpste mit großem Misstrauen begegnet sind.

Gab es damals eigentlich auch Kriegsgegner?

Wie häufig im Krieg gab es Widerstand gegen die Steuern, mit denen er finanziert wurde. Darüber hinaus lässt sich aber weder in Frankreich noch in England eine anhaltende Antikriegsstimmung feststellen. Das änderte sich erst in den letzten 20 Jahren des 14. Jahrhunderts, als eine Pattsituation entstanden war. Nun kamen Stimmen auf, die zunehmend unsicher waren, worum es in diesem Konflikt eigentlich ging.

Das heißt: Abgesehen von König und Adel waren sich die Leute überhaupt nicht bewusst, weshalb da eigentlich gekämpft wurde?

Nun, die Herrscher, vor allem in England, waren schon sehr bemüht, ihren Untertanen ihre Sicht auf den Krieg zu vermitteln. Auch wenn wir letztlich nicht genau sagen können, wie erfolgreich sie dabei gewesen sind. Die Kirche war zum Beispiel ein wichtiger Kanal für die königliche Propaganda. Dort wurden die Leute ständig gedrängt, für den Erfolg der Feldzüge zu beten. Diese Anstrengungen sollten natürlich auch helfen, die hohen Steuern und die Truppenaushebungen zu legitimieren.

Die Kirche warb für den Krieg

Wie rechtfertigten die Mächtigen den Krieg denn?

Interessanterweise haben beide Seiten den Waffengang als Verteidigungskrieg dargestellt. Den Franzosen ist das natürlich viel leichter gefallen, immerhin fanden die Kämpfe und Verwüstungen auf ihrem Territorium statt. Aber auch die Engländer haben sich dieser Rhetorik bedient. Es wurde sogar das Bedrohungsszenario einer französischen Invasion entworfen, der die englische Kultur und Sprache zum Opfer fallen würden.

Aber die englischen Könige haben doch damals selbst noch Französisch gesprochen!

Ja, allerdings eine etwas andere Variante. Das ist wirklich erstaunlich. Da warnte ein englischer König seine Untertanen davor, dass die Franzosen kommen würden, um ihnen die englische Sprache wegzunehmen. Und das erzählte er ihnen auf Französisch! Dieser linguistische Aspekt ist wichtig. Vor allem, wenn wir über Vorstellungen von Identität zu dieser Zeit sprechen. Am Anfang des Hundertjährigen Krieges gab es viele kulturelle Ähnlichkeiten zwischen beiden Ländern. Am Ende im Jahr 1453 deutlich weniger.

HELDENFIGUR: Heinrich V. krönt sich selbst. Noch heute prägt die Erinnerung an den siegreichen Herrscher in England das Bild des Krieges. Diese Statue steht in Stratford-upon-Avon, der Heimatstadt William Shakespeares

Sie entwickelten sich also auseinander?

In der Tat. Wobei die Herausbildung einer englischen Umgangssprache das wichtigste Beispiel für dieses Auseinanderdriften ist. Kurz gesagt: Der Hundertjährige Krieg war der Zeitpunkt in der Geschichte, in der die englischen Könige die bewusste politische Entscheidung getroffen haben, nicht mehr länger Französisch zu sprechen.

Ein echter Bruch mit der Vergangenheit.

Ja, und auch nicht ganz leicht. Die englische Monarchie steckte in einer Zwickmühle. Auf der einen Seite schürte sie die Franzosenfeindlichkeit im eigenen Land, und auf der anderen versuchte sie, sich in Frankreich als rechtmäßige Dynastie zu präsentieren, die die lokalen Regeln und Gebräuche respektieren würde.

Heinrich V., der den Krieg nach längerer Ruhepause ab 1415 wieder anfachte, scheint dieser Spagat gelungen zu sein. Er soll bei seinen Zügen in Frankreich sogar zum Teil von den Franzosen gefeiert worden sein.

Auf die Landbevölkerung in der Normandie mag das zutreffen. Das hatte aber nicht wirklich viel mit Heinrichs Person zu tun, sondern mit dem Chaos, das die Kämpfe zwischen verfeindeten französischen Adelsfamilien in dieser Zeit mit sich brachten. Den Menschen war einfach jeder willkommen, der endlich für ein Ende der Verheerungen sorgte.

Wie schlimm war denn die Gewalt, die die Menschen erleiden mussten?

Das war von Gegend zu Gegend sehr verschieden. Nicht alle Franzosen haben sich zu jeder Zeit vor englischen Angriffen oder marodierenden Söldnertrupps gefürchtet. Es kommt immer darauf an, über welche Region man spricht und über welche Phase. Der Krieg ist wie Ebbe und Flut gekommen und gegangen.

Und welche Spuren hat der Konflikt in den Köpfen hinterlassen?

Besonders bemerkenswert finde ich, dass das Bewusstsein der Leute für die Autorität der Zentralgewalt zunahm. Auch hier gab es natürlich regionale Unterschiede, und es war ganz sicher nicht eine geradlinige Entwicklung hin zu einem absolutistischen Staat. Aber allgemein betrachtet kann man schon sagen, dass die königliche Macht am Ende des Krieges bei den Menschen viel präsenter war als am Anfang.

Weil sie durch Besteuerung oder die Stationierung von Truppen darauf gestoßen wurden?

Beides war wichtig, genauso wie die Propaganda in den Kirchen. Auch die zunehmende Professionalisierung des Militärs spielte eine Rolle. So wuchs bei Franzosen wie bei den Engländern allmählich das Gefühl, in eine nationale Mission investiert zu haben und mit ihren Landsleuten etwas gemeinsam zu haben.

Der Krieg schuf also ein gewisses Maß an Einigkeit?

Ja, auch wenn das ein weitgreifendes Statement ist. Im Hundertjährigen Krieg formten sich konkrete Ideen, was es bedeutete, Engländer oder Franzose zu sein. Teilweise widersprachen sich diese Vorstellungen natürlich. Es gab ja immer wieder Bürgerkriege.

Wie würden Sie den Kern dieser französischen und englischen Identitäten denn definieren?

Die waren in beiden Fällen noch eng mit der Monarchie verknüpft. In Frankreich war es das Bild vom Herrscher als „allerchristlichem König", das immer wichtiger wurde. Ein anderer roter Faden in der Geschichte des Hundertjährigen Krieges ist die Durchsetzung der königlichen Macht auf immer größerem Gebiet. Trotz aller Rückschläge gerieten nach und nach früher halb unabhängige Fürstentümer unter die volle Kontrolle der französischen Krone. Dieser Prozess dauerte sogar noch länger als bis 1453. Er war erst mit der Integration des Herzogtums Burgund rund 30 Jahre später abgeschlossen.

Aber was hat das nun mit der Bildung einer französischen Identität zu tun?

Nun, an diesem Punkt kann man zumindest von einer politischen Identität sprechen. Natürlich gab es immer noch beträchtliche sprachliche Unterschiede zwischen Nord- und Südfrankreich. Aber es wurde ganz offensichtlich eine Identität in Abgrenzung zu anderen entwickelt. Nach dem Motto: Wir sind nicht ganz sicher, wer wir sind, aber wir wissen, dass wir nicht wie die Engländer sind.

Und die englische Identität? Wie wurde die durch den Konflikt geformt?

ABSOLUTE MACHT: Der Sieg im Krieg gegen England mehrt das Prestige der französischen Krone und legt so das Fundament für das ehrgeizige Königtum von Ludwig XIV. im 17. Jahrhundert

In England spielten bei diesem Prozess nicht nur die Kämpfe in Frankreich eine Rolle, sondern auch jene in Irland und Wales. Diese führten dazu, dass die Engländer sich immer stärker über kulturelle Merkmale von anderen abgrenzten. Ein Engländer zum Beispiel sollte nicht Irisch sprechen. Aber auch dem Ausbau der königlichen Macht kam bei der Entstehung einer nationalen Identität große Bedeutung zu. Wobei die Betonung eher auf der Monarchie als Institution lag als auf dem individuellen König. Der konnte ja auch bisweilen abgesetzt werden.

Während der langen Jahre des Konflikts hat sich auch die Kriegführung verändert. Kann man in diesem Zusammenhang von einer militärischen Revolution sprechen?

Ich finde, man sollte diese Idee nicht überstrapazieren. Ich würde es eher als eine bedeutende militärische Evolution bezeichnen.

Was genau meinen Sie damit?

Die Engländer haben recht früh ein System entwickelt, das auch Menschen außerhalb der traditionellen Kriegerschicht, also der Aristokratie, einbezog. Schon zur Zeit der Schlacht von Crécy und ganz sicher zur Zeit ihres Sieges bei Poitiers im Jahr 1356 haben sie ihre Truppen mithilfe von Verträgen rekrutiert, den sogenannten *indentures*. Außerdem haben sie ihre Armee inspiziert und gedrillt. Es gab offizielle Amtsträger, die diese Aufgabe übernahmen. Das war zwar kein stehendes Heer im modernen Sinne, aber es sah schon ziemlich professionell aus …

… mit Fußsoldaten statt schwer bewaffneten und gerüsteten Reitern?

Ja, und vor allem mit einer wachsenden Zahl von Bogenschützen, die von der etwas wohlhabenderen Landbevölkerung gestellt wurden. Durch die größere Bedeutung der Infanterie wurde das englische Heer weniger elitär, aber nicht weniger effektiv. Es ist offensichtlich, dass die Engländer einen sehr wirksamen Weg gefunden hatten, einer französischen Reiterarmee die Stirn zu bieten. Die Franzosen haben verschiedene Methoden ausprobiert, um sich dagegen zur Wehr zu setzen.

Sie haben überraschend lang gebraucht, um eine Lösung zu finden.

Das stimmt. Wobei man auch hier verschiedene Phasen unterscheiden muss. Karl V. und seinem Heerführer Bertrand de Guesclin gelang ja in den 1370er Jahren fast eine Art Reconquista der verlorenen Gebiete. In Azincourt ging dann natürlich alles schrecklich schief. Aber am Ende des Krieges hatten die Militärreformen von Karl VII. quasi eine vollprofessionelle Armee geschaffen, die in vielerlei Hinsicht sehr viel weiter entwickelt war als jene in England. Zudem veränderten der Einsatz von Fernwaffen und die Rekrutierung von Fußsoldaten mit Verträgen den sozialen Charakter von Armeen.

◦ Befeuerten die Kämpfe eine militärische Revolution? ◦

Der Krieg hat den Menschen also ermöglicht, in der sozialen Hierarchie aufzusteigen?

Ja, es gab tatsächlich Leute, die sich im Militär hochdienen konnten. Der Aufstieg blieb aber ein schwieriges Unterfangen, und die Vertreter der Aristokratie stellten weiterhin die Mehrzahl der Führungsfiguren. Kein Wunder: Waffen und Rüstungen waren ja immer noch teuer, und auch das Training kostete viel Zeit und Geld. Man sollte im Übrigen nicht den Fehler begehen, den Hundertjährigen Krieg für all diese Veränderungen verantwortlich zu machen. Es gab da noch einen anderen bedeutenden Faktor.

Die Pest.

Genau. Der Schwarze Tod hatte wahrscheinlich einen ebenso großen Einfluss auf die sich verändernden sozialen Strukturen in England und Frankreich, etwa was die Beziehung zwischen Lehnsherren und Vasallen und zwischen Bauern und Adeligen betraf. Aber auch wie die Menschen ihren Lebensunterhalt verdienten.

Eine Gruppe, die durch den Konflikt mehr Chancen hatte, waren die Frauen, oder?

Auch hier gilt: Es ist sehr schwierig, die Auswirkungen von Krieg und Pest sauber zu trennen. Ich würde nicht so weit gehen, von einem goldenen Zeitalter für die Frauen zu sprechen. Der Hundertjährige Krieg war ganz offensichtlich für viele von ihnen eine düstere Epoche. Man muss sich nur anschauen, wie Jeanne d'Arc behandelt worden ist. Da sind wir nur einen Schritt entfernt von institutionellem Frauenhass. Auf der anderen Seite hat die Kombination aus Krieg und Pest tatsächlich neue Möglichkeiten für Frauen geschaffen. Das beste Beispiel dafür sind Handel und Handwerk: Dort konnten Frauen einige der Lücken füllen, die die Männer hinterlassen hatten. Und das auch in Branchen, die ihnen traditionellerweise nicht offenstanden, wie etwa der Eisenverarbeitung und Waffenproduktion.

Adelige Frauen übernahmen wiederum oft die Aufgaben ihrer Männer, wenn diese auf einem Feldzug unterwegs waren. Sogar bei der Frage, wen und wann sie heirateten, hatten die Frauen plötzlich mehr Handlungsspielraum. Aber das war ein kurzlebiges Phänomen. Schon um 1450, als sich die Bevölkerungszahlen erholt hatten, verschwanden diese Chancen wieder.

Haben Frauen auch selbst zu Waffen gegriffen?

Ja, sie haben sich in ganz unterschiedlichen Rollen an den Kämpfen beteiligt. Vor allem in Frankreich, wo sie die Truppen bei der Verteidigung von Städten unterstützten.

Lassen Sie uns zur staatlichen Ebene zurückkehren. Was waren die Konsequenzen für Frankreich und England, als der Krieg 1453 zu Ende war?

Die Franzosen standen natürlich sehr viel besser da. Der Sieg verlieh der französischen Monarchie ein enormes politisches Gewicht. Viele Zeitgenossen werteten den Triumph als Zeichen göttlicher Zustimmung, immerhin hatten beide Seiten den Konflikt mit Begriffen beschrieben, die auch zu einem Kreuzzug gepasst hätten. Für England dagegen war die Niederlage eine Schande und eine Erniedrigung.

Sind die sogenannten „Rosenkriege", also der Kampf der beiden Adelshäuser York und Lancaster um die englische Krone, der bald darauf ausbrach, eine Konsequenz des Scheiterns im Hundertjährigen Krieg?

Durchaus. Es gab eine große Zahl von Mitgliedern der englischen Aristokratie, die sich gegenseitig die Schuld für das Geschehene zuschoben. Man hatte so viel im Laufe der Jahre in diesen Konflikt investiert und hatte zwischenzeitlich so große Erfolge gefeiert, dass natürlich jemand dafür verantwortlich gemacht werden musste, als es böse geendet war. Die Zeit war reif für eine Abrechnung. Hinzu kam das Machtvakuum, das durch die zeitweise Geisteskrankheit von König Heinrich VI. ausgelöst wurde. Aber das war es sicher nicht allein. Diese Konflikte waren auch einfach eine gute Entschuldigung für Leute, eine Vielzahl von persönlichen Angelegenheiten und Familienfehden zu klären.

Wenn wir über den Hundertjährigen Krieg sprechen, reden wir zwangsläufig viel über Frankreich und England. Aber hatte dieser längste Konflikt des Mittelalters auch einen Einfluss auf das übrige Europa in der damaligen Zeit?

Es gab tatsächlich einige interessante Verbindungen und Allianzen zwischen den beiden Kriegsparteien und anderen europäischen Fürsten. Denken Sie nur an den berühmten König von Böhmen, Johann den Blinden, der in Crécy auf französischer Seite fiel. In den 1360er und 1370er Jahren mischten sich dann Frankreich und England in den Bürgerkrieg im Königreich Kastilien ein. Ein anderer wichtiger Punkt betrifft das Papsttum, wenn man dieses als europäische Macht einordnen will. Es war tief verstrickt in den Hundertjährigen Krieg, der ja teilweise zeitlich mit dem Abendländischen Schisma zusammenfiel, als die lateinische Christenheit gespalten war und England und Frankreich unterschiedliche Seiten unterstützten. Die geistige Autorität der Päpste hat durch die Verwicklung in diese Art von politischem Streit sehr gelitten.

° Nach der Niederlage begann in England eine Abrechnung °

Wollen Sie andeuten, der Hundertjährige Krieg habe zur Reformation geführt?

Natürlich nicht! Das wäre eine viel zu steile These. Es stimmt aber, dass die Autorität der Päpste im Laufe des Krieges beschädigt wurde. Um das Jahr 1450 standen sie sehr viel schlechter da als noch 100 Jahre zuvor.

Wie hat man sich denn an den Krieg in den Jahrhunderten danach erinnert?

Sehr selektiv. Heutzutage stehen in Großbritannien die großen Schlachten und Helden im Mittelpunkt, also vor allem Heinrich V. und Azincourt. Man könnte fast von einer falschen Erinnerung sprechen, denn diese großen Feldschlachten bildeten ja eigentlich die Ausnahme. Der Hundertjährige Krieg war ein Krieg der Belagerungen und der Raubzüge. Dass unser Bild so ist, wie es ist, hat viel mit William Shakespeare zu tun. Gerade viele Engländer betrachten diesen Konflikt noch immer durch die Linse seiner Dramen.

„Noch einmal stürmt, noch einmal, liebe Freunde!" – dieser Schlachtruf aus Shakespeares „Heinrich V." wird ja gerne mal von der englischen Presse zitiert.

Stimmt. Zuletzt bei der Fußballeuropameisterschaft.

In Ihrem Buch sagen Sie, der Hundertjährige Krieg habe eine neue Ära und das moderne Europa geboren. Eine starke These ...

... und vielleicht wirklich etwas zugespitzt. Was ich aber ganz sicher sagen kann, ist, dass dieser mehr als ein Jahrhundert währende Krieg einen Teil jenes Staatsapparats geschaffen hat, der die spätere Entwicklung beider Nationen, vor allem aber die von Frankreich ermöglicht hat. Damals wurden die institutionellen Grundlagen für die Expansion der französischen Macht in Europa gelegt. Und auch für den französischen Absolutismus.

Und in England?

Dort war etwas anderes wichtiger als der Staat, wenn man in dieser Zeit überhaupt schon davon sprechen kann, nämlich das Parlament.

Aber das englische Parlament existierte doch schon vor dem Hundertjährigen Krieg.

Ja, aber das Unterhaus, das House of Commons, hat sich erst während des Konflikts so richtig entwickelt. Es fing an, sich stärker vom Oberhaus, dem House of Lords, abzugrenzen, und etablierte sich als ein politisches Forum, in dem Meinungen nicht nur zur Begutachtung durch den König angesprochen wurden, sondern in dem sich auch eine Opposition bilden konnte.

Was hat diesen Aufstieg des Parlaments ermöglicht? War es die Notwendigkeit der Krone, den Krieg mit neuen Abgaben zu finanzieren?

Am Anfang war dieser Aspekt sehr wichtig. Aber das Parlament wandelte sich rasch weiter. Es wurde zum Ort, an dem sich das Allgemeinwohl artikulierte. In gewisser Weise wurde es zum Sprachrohr des Volkes. Natürlich konnte das Volk selbst damals noch gar nicht abstimmen. Trotzdem entstand ein wachsendes Gefühl der Repräsentation. Anders als in Frankreich, wo es ja mit den Generalständen auch eine ähnliche Versammlung gab. Dort konzentrierte sich die Autorität eher in der Person des Monarchen.

Ist das einer dieser wachsenden Unterschiede zwischen Frankreich und England, die sie vorhin angesprochen haben?

Ja, das zählt dazu. Aber verstehen Sie mich bitte nicht falsch: Natürlich hatten englische Monarchen wie Heinrich VIII. oder Karl I. später auch sehr ehrgeizige Vorstellungen über ihre eigene Autorität, dennoch hat ihr Gottesgnadentum nicht dieselbe Dimension erreicht wie in Frankreich.

Besteht eigentlich ein Zusammenhang zwischen dem Verlust der englischen Besitzungen in Frankreich und dem späteren Aufstieg des britischen Empire? Haben die Engländer dafür quasi in Übersee einen Ersatz gesucht und gefunden?

Ich spreche ein bisschen über dieses Thema in meinem Buch. Ich bin mir aber nicht sicher, ob man diese These wirklich so halten kann. Sie impliziert, dass die Mitglieder der englischen Elite praktisch von Natur aus Empire-Gründer waren. Dabei sind zwischen dem Ende des Hundertjährigen Krieges und den Entdeckungsfahrten des 16. und 17. Jahrhunderts viele entscheidende Dinge passiert. Ich wäre also vorsichtig, hier eine direkte Linie zu ziehen.

PARLAMENT: Während des Hundertjährigen Krieges entwickelte sich das englische Unterhaus zu einem bedeutenden politischen Forum, in dem sich auch eine Opposition zum König bilden konnte

Um den Bogen zum Schluss einmal bis in die jüngere Vergangenheit zu schlagen: Der französische Staatspräsident Charles de Gaulle hat 1962 gesagt, dass nicht Deutschland der größte Erbfeind der Franzosen gewesen sei, sondern England. Und zwar schon seit dem Hundertjährigen Krieg. Wie viel Wahrheit steckt in diesem Statement?

Nun, es gab in England ganz sicherlich eine hartnäckige antifranzösische Mentalität, die einen großen Teil der englischen Politik angetrieben hat. Ich bin mir aber nicht sicher, wie eng man diese Haltung mit dem Hundertjährigen Krieg in Verbindung setzen sollte. Die Reformation, bei der Frankreich und England ja in unterschiedlichen Lagern kämpften, scheint mir ein wichtigerer Faktor gewesen zu sein.

Dennoch: Der Hundertjährige Krieg blieb auch nach dem Jahr 1453 ein wichtiger Bezugspunkt. Auch Horatio Nelson und der Herzog von Wellington sollen vor den Schlachten von Trafalgar und Waterloo den Sieg bei Azincourt beschworen haben.

Aus meiner Sicht ist aber die institutionelle Seite entscheidend: Obwohl der Hundertjährige Krieg England in gewisser Weise zerstört hat, hat er das Land zugleich mit den Mechanismen für seine spätere Entwicklung ausgestattet. Und Frankreich hätte ohne den Konflikt wohl nicht einen so mächtigen Staatsapparat aufgebaut. So hat der Hundertjährige Krieg die Weichen für eine fortwährende Rivalität zwischen beiden Ländern gestellt. ◊

GEO Vertical-Kalender „Die Magie des Augenblicks"

Grandiose Ausblicke sind die Spezialität des Fotografen Dennis Frates. GEO präsentiert seine Landschaftsbilder aus den USA im Panorama-Hochformat.

Maße: 34x98 cm
Best.-Nr.: G729323
Preise: 49,99 € (D/A)/
Fr. 55,00 (CH)

GEO SAISON Kalender „Im Licht des Nordens"

Pur, klar, frisch: Alaskas tiefblaue Seen, Dänemarks grüne Küstenwälder, Schottlands raue Highlands, die entlegenen Lofoten entfalten in diesem Kalender ihren ganz eigenen, nordischen Charme.

Maße: 50x45 cm
Best.-Nr.: G729333
Preise: 29,99 € (D/A)/
Fr. 33,00 (CH)

Coupon einfach ausfüllen, ausschneiden und senden an: GEO Kundenservice, 74569 Blaufelden

GEO-Bestellcoupon – versandkostenfreie Lieferung ab 80,– €!*

Ich bestelle folgende Artikel:

Produktbezeichnung	Best.-Nr.	Preis D	Menge
☐ GEO Panorama-Kalender „Der Blick ins Weite"	G729322	99,99 €	
☐ GEO SAISON Kalender „Traumziele"	G729327	29,99 €	
☐ GEO SAISON Kalender „New York"	G729328	29,99 €	
☐ GEO Vertical-Kalender „Die Magie des Augenblicks"	G729323	49,99 €	
☐ GEO SAISON Kalender „Im Licht des Nordens"	G729333	29,99 €	
Gesamtsumme: (zzgl. 3,90 € Versandkosten, versandkostenfreie Lieferung ab einem Bestellwert von 80,00 €*)			

Meine persönlichen Angaben: (bitte unbedingt ausfüllen)

Abonnentennummer (wenn vorhanden)

Unter Angabe der Abonnentennummer wird automatisch bis zum 30.11.21 der Abovorteilspreis berücksichtigt.

Name | Vorname

Geburtsdatum

Straße | Nummer

PLZ | Wohnort

Telefon

E-Mail

Unsere Kunden informieren wir gemäß § 7 Abs. 3 UWG per E-Mail über eigene ähnliche Angebote aus unserem Verlag. Dem können Sie über den Abmeldelink am Ende jeder E-Mail oder Hinweis an abo-service@guj.de widersprechen.

☐ **Ich zahle per Rechnung** ☐ **Ich zahle bequem per Bankeinzug** (nur in Deutschland möglich)

BIC

IBAN

Bankinstitut

SEPA-Lastschriftmandat: Ich ermächtige die Gruner+Jahr GmbH, Am Baumwall 11, 20459 Hamburg, Gläubiger-Identifikationsnummer DE31ZZZ00000031421, wiederkehrende Zahlungen von meinem Konto mittels Lastschrift einzuziehen. Zugleich weise ich mein Kreditinstitut an, die von der Gruner+Jahr GmbH auf mein Konto gezogenen Lastschriften einzulösen. Die Mandatsreferenz wird mir separat mitgeteilt. **Hinweis:** Ich kann innerhalb von 8 Wochen, beginnend mit dem Belastungsdatum, die Erstattung des belasteten Betrages verlangen. Es gelten dabei die mit meinem Kreditinstitut vereinbarten Bedingungen.

*Aufgrund der Größe der GEO Panorama- und GEO Edition-Kalender erheben wir bei Versänden nach Österreich und in die Schweiz einen Sperrgutzuschlag von 25,00 € (A) und Fr. 28,00 (CH).

Widerrufsrecht: Sie können die Bestellung binnen 14 Tagen ohne Angabe von Gründen formlos widerrufen. Die Frist beginnt an dem Tag, an dem Sie die Lieferung erhalten, nicht jedoch vor Erhalt einer Widerrufsbelehrung gemäß den Anforderungen von Art. 246a § 1 Abs. 2 Nr. 1 EGBGB. Zur Wahrung der Frist genügt bereits das rechtzeitige Absenden Ihres eindeutig erklärten Entschlusses, die Bestellung zu widerrufen. Sie können hierzu das Widerrufs-Muster aus Anlage 2 zu Art. 246a EGBGB nutzen. Der Widerruf ist zu richten an: GEO Versandservice, 74569 Blaufelden; Telefon: +49(0)40-42236427; Telefax: +49(0)40-42236663; E-Mail: guj@sigloch.de

Datum | Unterschrift

Aktionsnr.: G00185

Die Geschichte

SKANDINAVIENS